体育社会组织
发展模式探索

游　俊◎著

TIYU SHEHUI ZUZHI
FAZHAN MOSHI TANSUO

电子科技大学出版社
University of Electronic Science and Technology of China Press

·成都·

图书在版编目（CIP）数据

体育社会组织发展模式探索 / 游俊著. -- 成都 ：

成都电子科大出版社，2024. 6. -- ISBN 978-7-5770

-1027-4

Ⅰ. G812.1

中国国家版本馆CIP数据核字第2024VG5507号

体育社会组织发展模式探索

游　俊　著

策划编辑　熊晶晶　高小红
责任编辑　熊晶晶
责任校对　姚隆丹
责任印制　段晓静

出版发行　电子科技大学出版社
　　　　　成都市一环路东一段159号电子信息产业大厦九楼　邮编　610051
主　　页　www.uestcp.com.cn
服务电话　028-83203399
邮购电话　028-83201495

印　　刷　成都市火炬印务有限公司
成品尺寸　185 mm×260 mm
印　　张　11.25
字　　数　240千字
版　　次　2024年6月第1版
印　　次　2024年6月第1次印刷
书　　号　ISBN 978-7-5770-1027-4
定　　价　88.00元

前 言
QIANYAN

　　新中国成立以来，我国体育社会组织发展迅速，规模不断扩大，但发展质量参差不齐，与我国国际地位不太匹配，不太适应我国经济社会发展、全民健身活动开展、健康中国建设和体育强国建设需求。体育社会组织在发展体育事业，组织开展全民健身活动，促进群众体育发展中承担着重要且不可替代的作用和功能。因此，研究如何加强体育社会组织建设，充分发挥其作用和功能，为健康中国建设和体育强国建设做出贡献，是一项很有意义且势在必行的工作。

　　本书以我国民政部门规范的体育社会团体、体育类民办非企业单位、体育基金会为研究对象，运用数据检索和分析的方法、系统分析的方法、社会调查的方法、比较研究的方法，研究分析新中国成立以来我国体育社会组织的发展情况、存在的不足和主要问题。同时，本书还对比借鉴其他国家体育社会组织发展的有益经验，结合我国实际情况，从理论与实践两个层面出发，提出具有中国特色的体育社会组织治理机制、评估办法和评估指标，并进一步探讨我国体育社会组织未来的发展方向、发展模式。

　　本书共分为绪论、第一章、第二章、第三章、第四章、第五章和结语等部分，具体如下。

　　绪论，提出研究的目的及意义，明确了研究对象及方法，并进行了国内外文献综述。

　　第一章，组织的起源及阐释。对组织的起源，以及组织、社会组织、体育社会组织、涉外体育社会组织等概念进行阐释。

　　第二章，体育社会组织的功能。从体育社会组织在我国体育事业发展中的作用、体育社会组织发展与社会发展相互促进、政府职能转变与体育社会组织发展、"大健康"理念与体育社会组织发展等几个方面论述了体育社会组织的功能。

　　第三章，体育社会组织发展现状。论述了新中国成立以来，我国体育社会组织的发展现状，包括数量规模、运作模式、管理体制；并总结分析了我国体育社会组织的发展规律，指出存在的不足和主要问题，以及制约我国体育社会组织发展的主要因素。

第四章，建立健全体育社会组织评估体系与治理机制。从理论与实践两个方面论述了我国体育社会组织评估体系与治理机制的理论与方法，制定和设计了评估原则、评估方法、评估指标体系表、评估等级划分，并提出了实际评估工作的操作程序。

第五章，我国现代体育社会组织发展模式。通过国内外纵向和横向比较，结合我国国情，运用治理和评估理论，提出我国现代体育社会组织发展新模式。即：政府与体育社会组织平等合作模式；创新地方体育社会组织管理模式；创立体育社会组织志愿服务长效机制；建立各类体育社会组织协同发展模式；加强基层及行业体育社会组织建设；走国际化发展道路，并在国际化进程中坚持中国特色发展模式，对我国的治理机制保持自信。

结语，概述了当下我国体育社会组织已成为社会管理、公共服务的重要角色，体育社会组织是组织全民健身活动不可或缺的主角，是构建全民健身公共服务体系和建设体育强国的重要力量。我们既要强化治理和宏观调控，确保体育社会组织健康发展，又要充分发挥其自身的优势和在社会治理中的特殊作用，使其积极主动，勇于承担起体育社会组织应尽的责任和义务，为国家、为人民、为社会作贡献。

附录中列出了体育社团、体育类民办非企业单位、体育基金会章程示范文本，供体育社会组织制定章程时借鉴、参考。

在写作本书的过程中，作者参考了大量的文献资料，在此对文献资料的作者表示诚挚的敬意和由衷的感谢。本书虽然经过多次检查与修改，但难免存在一些不足，敬请广大读者提出宝贵的意见和建议。

目 录
MULU

绪　　论

一、问题的提出

马克思认为："人的本质是一切社会关系的总和。"社会是由人组成的,只要有人的地方就有群体,就有组织。随着人类社会的发展,组织在人们的社会生活中无时不在,无所不在。体育社会组织也同其他社会组织一样,随着社会的发展而不断发展进步,数量不断上升。特别是随着全民健身上升为国家战略,"大健康"理念的逐步形成,《"健康中国2030"规划纲要》的提出,体育作为健康中国建设的重要组成部分,在健康中国建设中应当发挥重要作用。体育社会组织在开展体育教育活动、全民健身运动、群众体育活动,促进社会和谐,促进我国体育事业发展,提高人民群众身体素质和健康水平,丰富人民群众精神文化生活等方面,已经发挥出不可替代的作用,并将发挥越来越重要的作用。

因此,深入研究我国体育社会组织的现状及今后的发展方向、发展模式、治理机制,使其在满足我国人民日益增长的体育健身需求,全民健身与全民健康高度融合,提高我国在国际体育领域的地位、影响力和话语权,在推进中国式现代化进程中发挥更好的作用,是一项很有必要的工作。

二、研究目的及意义

党的十八大以来,党中央、国务院高度重视社会组织高质量发展。中华人民共和国民政部(简称民政部)按照中央社会组织改革的总体部署,简政放权,降低登记门槛;对符合条件的体育社会组织实行直接登记,大力培育多形式、多层次的体育社会组织。同时深化社区治理体制改革,大力培育公益类、服务类、互助类社区社会组织,重点发展基层体育社团、体育类民办非企业单位等社区体育类社会组织。为了完善购买服务政策措施,中华人民共和国民政部联合财政部出台了《关于支持和规范社会组织承接政府购买服务的通知》,全国各省(自治区、直辖市)也相继出台了政府购买服务指导文件,推动政府部门将公共体育服务交由社会组织承担。

国家体育总局在"十三五"规划中指出:"研究制定体育社会组织改革相关政策,大力引导、培育、扶持体育社团、体育类民办非企业单位、体育基金会等体育社会组织发展,创新体育社会组织管理方式。落实《行业协会商会与行政机关脱钩总体方案》,稳步推进全国性体育社会组织改革试点工作,统筹解决试点工作中的重点难点问题,及时总结和推广改革试点经验，推动各级各类体育社会组织改革。"

国家体育总局在"十四五"规划中指出："贯彻落实习近平法治思想，加快建设中国特色社会主义体育法律规范体系，以体育立法引领体育改革，用法治方式推动体育发展，提高体育部门依法行政能力，引导体育社会组织依法自治，重点推动基层体育治理，形成政府、市场、社会协同治理体育新格局，不断推进体育治理体系和治理能力现代化。"

因此，研究体育社会组织治理机制和改革发展模式具有十分重要的社会现实意义。

本书的目的在于把三大类体育社会组织，即体育社团、体育类民办非企业单位、体育基金会三者作为一个整体，放在当下社会大环境中去，通过考察、综合分析，并结合健康中国建设需要，探讨体育社会组织如何改革发展，才能发挥更大的作用和功能等问题。进而，本书提出体育社会组织发展的新模式，研究其考核指标、评估体系、治理机制，以及体育社会组织国际化等问题，以丰富体育管理学科理论体系，为当下我国社会组织、体育社会组织改革政策的制定提供理论依据和参考，为健康中国建设和体育强国建设贡献一份力量。

三、国内外文献综述

（一）社会组织、体育社会组织研究

1. 国外社会组织性质及概念研究

对于社会组织（国外称非营利组织）性质和概念的界定，很多国家都有不同的看法，主要是源于不同国家政治、经济和社会背景下社会组织建立侧重点的不同。

学者詹姆斯·M. 弗瑞斯（James M. Ferris）[①]将非营利组织分为三大类：公民的非营利组织、政策推促的非营利组织、实施政策的非营利组织，这三类分别从社会组织在社会中扮演的不同角色进行区分。在国际上较为常见的还有非营利组织（Non-Profit Organization，NPO）、非政府组织（Non-Governmental Organization，NGO）、志愿者部门、慈善组织、第三部门等，虽然这些概念之间存在一定不同之处，但其核心内涵相同。目前，国外对社会组织的内涵和特征研究比较认同的是美国约翰·霍普金斯大学莱斯特·M. 萨拉蒙（Lester M. Salamon）[②]提出的观点。他综合性地阐述了社会组织的基础结构和运作方式，认为社会组织的非营利性、民间性、志愿性、组织性、自治性是区别于其他组织的基本特征。

除了以上对非营利组织范畴、定义的研究外，美国经济学家伯顿·A. 韦斯布罗德（Burton A. Weisbrod，1974）还提出了政府失灵理论。后来不少国外学者对政府失灵与

---

① JAMES M FERRIS. The role of nonprofit sector in a self-governing society: A view from the United States[J]. Voluntas: International Journal of Voluntary and Nonprofit Organizations, 1998, 9(02): 137-151.

② 莱斯特·M. 萨拉蒙. 全球公民社会：非营利部门视界[M]. 贾西津, 魏玉, 等译. 北京: 社会科学文献出版社, 2002.

市场失灵展开了大量的理论研究。与伯顿·A.韦斯布罗德研究类型相似，但比较的对象不同、研究的角度和侧重点不一样的美国法律经济学家亨利·B.汉斯曼（Henry B. Hansmann，1980）提出了合约失灵理论。伯顿·A.韦斯布罗德的研究更多的是关注政府与非营利组织之间的关系；而亨利·B.汉斯曼则更多地关注非营利组织与营利组织在参与社会活动时涉及的社会活动范围，以及是什么因素使营利性组织与非营利性组织承担的特定责任不同。美国公共政策学者、非营利组织研究专家塞拉蒙（Salamon，1981）认为，非营利部门研究中的政府失灵、市场失灵、合约失灵理论对美国现实社会解释时存在某些方面的局限性，提出了"第三方管理理论"。有的美国社会学家还将非营利组织分为互益性组织和公益性组织。互益性组织的主要目的是向组织成员提供服务，而公益性组织的目的是向社会公众提供公益服务。

总之，不同国家根据现实情况对非营利组织的概念有不同的定义。[①]但总体来看，国外的非营利组织就类似我国的社会组织。

在政府与社会组织关系方面，吉德伦（Gidron）、克莱默（Kramer）和赛拉蒙（Salamon）等学者通过不同实践比较后，提出政府与非营利组织关系的类型学，他们期望提出一种模式来描述福利型国家与非营利组织之间的关系，有两个关键因素：一是服务的资金筹集和授权；二是服务的实际配送。以这两个关键因素为内核，提出了政府与非营利组织关系的四种不同模式：一是政府支配模式；二是第三部门支配模式；三是双重模式；四是合作模式。在政府调节失控的情况下，需要社会组织的有效弥补，但不可避免的是社会组织也会存在一些缺陷，同样也需要政府给予宏观的指导。因此，通过双方合作来实现公共利益最大化，是最有效的社会发展方式。

2. 国外社会组织发展及治理研究

日本将非营利组织分为三大类：（1）公益法人。公益法人也可以细分为财团和社团法人，类似于我国的基金会和社会团体。[②]日本民法（1896年法律第89号）规定，设立公益法人必须符合以下三个条件：①进行公益事业的实施；②不是为了获取利润；③在政府主管部门的认可下进行。（2）特别法人。特别法人是对各种社会事业的情况（如宗教、学校、社会福利、医疗等），依法人的类型进行管理，特别法人的管理者为政府部门。（3）NPO法人。1998年日本发布的《特定非营利活动促进法》明确NPO法人也是非营利活动法人，其组织内容相当于我国的民办非企业单位。[③]

在制定非营利组织管理的法律体系框架时，美国根据联邦税法，在宗教、教育、慈善、科学、公共安全试验、文学、促进业余体育竞争或防止虐待儿童或动物等七方面设

① 盛莉. 中国社会公益供给状况及机制研究[D]. 南京：南京师范大学, 2007.

② 黄峥烽. 论基金会法人地位的定位[J]. 重庆科技学院学报(社会科学版), 2009(08):33-34.

③ 王晓芳, 张瑞林, 王先亮. 中外体育非营利组织税收优惠比较研究[J]. 成都体育学院学报, 2014(02):21-25.

3

立了非营利组织治理的法律大纲，从事服务社会公众的非营利性、非政治性组织可以申请成为慈善组织并享受税收优惠。此外，再无相关法律规定非营利组织的活动。[1]

1601年，英国引入的"慈善法"和"救济法"是世界上规范非营利组织的早期法规。英国非营利组织主要来自自愿互助和私人慈善机构，这些机构已成为"志愿部门"。在政府与非营利组织的关系中，英国政府和非营利组织于1998年签署了《英国政府和志愿及社会部门关系的协议》（简称《协议》），建立了两者之间关系的基本原则和行为基础。[2]《协议》的基本思想是，志愿者和社会部门的活动对发展民主和包容性社会至关重要，确认了志愿服务和社会部门对社会不可替代的贡献，并表明政府应进一步发挥积极作用，促进志愿服务，并为志愿者和社会部门提供支持。《协议》规定了政府、志愿者和社会部门的责任。其中，政府的主要责任包括：承认并支持志愿者和社会部门的独立性；在参与、清晰、透明的基础上提供资金资助；签订合同，需要征询志愿者和社会部门的意见；促进互惠的工作关系；政府、志愿者与社会部门共同建立评估体系，每年评估协议（合同）的实施情况。志愿者及社会部门的主要责任包括：保持高度的治理责任；遵守法律和相应规范；在参与政策制定流程的过程中咨询客户和其他利益相关者；促进互惠的工作关系；与政府共同合作，评估协议（合同）的实施情况。

在对社会组织评估方面，英、美等国家对社会组织评估的理论、方法以及应用已逐渐成熟，斯塔弗尔比姆（Stufflebeam）[3]在 *Evaluation Models* 一书提出了以委托人为中心的研究或响应式评估理论。美国南卡罗来纳大学社会工作学院教授金斯伯格（Ginsburg）认为，评估作为社会工作实务的重要组成部分，对提升案主服务和以更系统、更科学可靠的方式提供公共问责性起着决定性的作用。金斯伯格[4]在其著作 *Social Work Evaluation：Principles and Methods* 一书中，详细论述了社会工作评估的现存问题及其产生因素、社会工作项目的古典评估过程、社会工作的内部评估、社会工作的研究方法与评估概念等。彼得·罗西（Peter Rossi）等[5]对项目评估进行了深入的研究，在"Evaluation：A Systematic Approach"一文中，把技术知识与评估工作者的集体经验结合起来，对评估做了全面的介绍，围绕社会项目的设计、实施、利用而进行的各种评估活动提供了切实的指导。

3. 国外体育社会组织发展及治理研究

Cucui Gheorghe Gabriel 等[6]（2018）在"Researches on Redesigning the Management

---

① 贾西津. 国外非营利组织管理体制及其对中国的启示[J]. 社会科学, 2014(04):45-50.

② 杜志娟, 苗大培. 国内外体育非营利组织的评估[J]. 体育学刊, 2009(12):40-43.

③ STUFFLEBEAM. Evaluation models[M]. San Francisco:Jossey Bass press, 2007.

④ 金斯伯格. 金斯伯格社会工作评估:原理与方法[M]. 黄晨熹, 译. 北京:华东理工大学出版社, 2005.

⑤ 彼得·罗西, 霍华德·弗里曼, 马克·李普希. 项目评估方法与技术[M]. 邱泽奇, 译. 北京:华夏出版社, 2002.

⑥ CUCUI GHEORGHE GABRIEL, CUCUI IONELA ALINA. Researches on redesigning the management system in sports organizations（Note II）[J]. Studia Universitatis Babeş-Bolyai Educatio Artis Gymnasticae, 2018, 63(4):89-95.

System in Sports Organizations（Note II）"中，从体育组织管理的角度分析系统方法涉及整体和部分的功能、领导和领导系统之间的关系，以及组织系统、组织环境和目标导向之间的辩证联系，认为体育社会组织为了实现工作目标，必须有能力通过其资源和有效的工作方法采取行动或做出反应，能在外部环境需求的影响下保持和发展。Josef Fahlén 等[1]（2019）在"（Re）conceptualizing Institutional Change in Sport Management Contexts：the Unintended Consequences of Sport Organizations' Everyday Organizational Life"中认为，体育社会组织要在组织行为、管理模式、制度建设和变革中发挥重要作用，必须增加政府对体育社会组织的依赖，且体育社会组织要专业化和商业化。Rafael Bautista Cano 等[2]（2019）在"Sports organizations and quality self-diagnostic tool"一文中，通过在体育社会组织中构建一种基于ISO 9000:2015的质量自诊断工具，分析体育社会组织在战略规划、生产和运营、会计和财务、质量保证、环境管理、营销、人力资源启动和系统信息等领域的竞争力。Patti Millar 等[3]（2020）在"Readiness to Build Capacity in Community Sport Organizations"一文中，对社区体育组织（community sports organization，CSO）的环境刺激、能力建设准备（组织准备、一致性、现有能力）和能力建设结果进行分析，认为社区体育组织（CSO）能力建设战略、组织价值观、运维管理、成员的意愿以及组织现有能力对能力建设成果产生重大影响。Strittmatter Anna Maria 等[4]（2021）在"Facilitating Sustainable Outcomes for the Organization of Youth Sports through Youth Engagement"一文中，探讨与重大活动有关的青少年体育发展方案如何有助于挪威青少年体育社会组织实现可持续成果时，认为项目的设计和实施在创造体育社会组织的可持续性方面发挥着关键作用，青少年作为志愿者参与体育赛事，不仅有助于促进个体的可持续发展，而且能为青少年参与体育社会组织提供舞台，从而促进青少年体育组织可持续的变革。

4. 国内社会组织发展及治理研究

我国清华大学非政府组织（NGO）研究所的王名[5]对社会组织定义进行了较为系统

① JOSEF FAHLÉN, CECILIA STENLING.（Re）conceptualizing institutional change in sport management contexts：the unintended consequences of sport organizations' everyday organizational life[J]. European Sport Management Quarterly,2019,19(02):265-285.

② RAFAEL BAUTISTA CANO,CARLOS ALBERTO FLÓREZ MORENO. Sports organizations and quality self-diagnostic tool[J]. Visión electrónica,2019,13(02):350-357.

③ PATTI MILLAR, ALISON DOHERTY. Readiness to build capacity in community sport organizations[J]. Managing Sport and Leisure,2020,26(04):1-9.

④ STRITTMATTER ANNA MARIA, HANSTAD DAG VIDAR, SKIRSTAD BERIT. Facilitating sustainable outcomes for the organization of youth sports through youth engagement[J]. Sustainability,2021,13(04):2101.

⑤ 王名. 社会组织概论[M]. 北京:中国社会出版社,2010.

的阐述，他认为社会组织泛指在一个社会中由各个不同社会阶层的公民自发成立的，在一定程度上具有非营利性、非政府性和社会性特征的各种组织形式及其网络形态。刘明[①]就我国非营利组织发展的特点进行了阐述：首先，经济体制改革和政府体制改革为我国非营利组织带来了巨大的生存空间；其次，随着现行法律法规的改善，非营利组织发展的外部法治环境正在逐步形成；再次，加入世贸组织为我国非营利组织发展带来了机遇；最后，在经济市场化和社会多元化的进程中，我国公民参与热情高涨，自由、自主、自治和志愿服务的意识逐渐觉醒。

现阶段，我国不少学者认为社会组织有广义与狭义之分。广义的社会组织即社区工作者服务组织、事业单位、社会团体或协会、民办非企业单位。狭义的社会组织主要有社会团体、民办非企业单位和基金会。为了加强对社会组织的管理，我国陆续颁布了《社会团体登记管理条例》《民办非企业单位登记管理暂行条例》《基金会管理条例》等多项法律法规，以立法形式来保障社会组织的合法权利，对社会组织的发展起到了规范和促进作用。

在政府与社会组织的关系方面，专家学者认为更多地使政府与社会组织处于一种舒适发展的模式就是合作关系。张雪[②]（2016）从宏观研究政府与组织间关系，中观研究组织与所在环境的互动，微观研究组织的行动策略。雷浩伟、吴晓凤、田田等[③]（2017）从政府购买的角度分析PPP（public-private-partnership）模式在政府购买公共服务中的运用，认为PPP模式在提高政府服务质量与效率、实现公共服务主体多元化等方面发挥着积极作用，但同时这种新型模式也导致信任危机、法治危机和责任危机等负面效应。根据政府控制力度的强弱，袁萱[④]（2015）将政府与非营利组织关系细分为四种：一是依附型关系；二是合作型关系；三是强控型关系；四是放任型关系。而最终的发展路径是强控型关系–依赖式合作关系–竞争式合作关系，所呈现出来的是政府与社会组织不断发生变化的关系，也是政府职能转型升级，社会组织承接政府职能转移的过程。

在社会组织评估方面，最早对我国社会组织评估理论和框架的探讨是清华大学公共管理学院非政府研究中心的邓国胜，他在《非营利组织评估》（2001）一书中，通过对我国社会组织存在的问题和对策进行分析，构建了包括非营利性评估、使命与战略评估、项目评估、组织能力评估等四个子模块在内的社会组织评估框架。2007年，民政管理干部学院课题组的研究报告《中国民间组织评估框架与发展对策研究》，也充分结

① 刘明. 中国非营利组织:定义、发展与政策建议[J]. 科技信息(科学教研),2007(19):407.

② 张雪. 从宏观到微观:非营利组织与政府关系研究述评[J]. 华东理工大学学报(社会科学版),2016,31(02):25-33.

③ 雷浩伟,吴晓凤,田田. PPP模式在政府购买公共服务中的运用分析[J]. 决策与信息,2017(07):77-81.

④ 袁萱. 论我国政府与非营利组织的关系及其发展路径[J]. 学理论,2015(25):106-107,115.

合了我国民间组织发展运行的基本情况，通过比较分析提出适合我国国情的民间组织评估框架，涵盖了评估的原则、范围、机构人员等。国家民间组织管理局主编的《中国民间组织评估》（2007），比较系统地总结了国内民间组织评估的理论研究成果，且对我国民间组织评估指标进行了各方面的综合考虑，并将其应用于实践。

现阶段我国社会组织评估主要有三种形式：政府评估、半官方评估、第三方组织评估（社会评估）。其中，政府评估和半官方评估较为普遍，第三方组织评估现在还处于探索中。政府评估主要是政府相关人员组成团队，配置专业人员，由财政专门拨款，根据国家社会组织管理办法条例进行评估；半官方评估是由政府委托相关社会机构，由受委托的社会机构组织实施评估，经费也由政府财政部门拨付；第三方组织评估由社会成立的专业性组织团队，按照科学化方法制订一套自身实用性强的程序对社会组织进行评估。

5. 国内体育社会组织发展及治理研究

汪流[1]（2016）在《改革开放以来我国体育社会组织发展：问题反思与策略探讨》一文中，分析了我国体育社会组织改革开放以来的发展背景、历程，从制度、社会和组织自身三个层面探析体育社会组织发展中存在的问题，指出应该改变体育的治理方式。汪美芳等[2]（2020）在《体育社会组织治理的发展历程与未来展望》一文中，对体育社会组织治理的历程、困境、动力、路径、展望等方面进行分析研究，提出了合作治理模式，打造多元治理框架。王春顺等[3]（2019）在《社会组织承接政府购买公共体育服务的路径与策略》一文中，对体育社会组织承接政府购买公共体育服务的困境、优势、路径与策略等方面进行分析研究，探讨了体育社会组织承接公共体育服务的流程。钱学峰等[4]（2019）在《学校体育场馆向社会开放的协同治理机制探析——以体育社会组织的功能释放为视角》中，对体育社会组织与学校体育场馆协同发展、管理和运维机制等进行分析研究，提出体育社会组织要与学校体育场馆协同治理，共同发展。李金锋[5]（2014）在《美、德、日国外社区体育健身俱乐部发展对我国的启示》中，对美国、德国、日本三国社区体育俱乐部管理体制与发展进行对比分析研究，认为我国体育健身俱乐部需要明确俱乐部主体地位，建立资金的长效机制，完善硬件设施，促进俱乐部的生

---

① 汪流.改革开放以来我国体育社会组织发展:问题反思与策略探讨[J].河北体育学院学报,2016,30(04):1-6.
② 汪美芳,梁占歌.体育社会组织治理的发展历程与未来展望[J].合肥师范学院学报,2020,38(06):12-15.
③ 王春顺,向祖兵,李国泰.社会组织承接政府购买公共体育服务的路径与策略[J].体育科学,2019,39(08):87-97.
④ 钱学峰,田茵,罗冰婷.学校体育场馆向社会开放的协同治理机制探析——以体育社会组织的功能释放为视角[J].沈阳体育学院学报,2019,38(01):39-45.
⑤ 李金锋.美、德、日国外社区体育健身俱乐部发展对我国的启示[J].电子制作,2014(15):275.

存与发展。魏鹏娟[①]（2019）在《我国体育非营利组织筹资机制的调整与转变》中认为，随着我国体育管理体制改革的深入，体育社会组织财政拨款比例逐渐缩小、社会捐赠和企业赞助收入也较为有限、自创收入比重过低、体育社会组织资金瓶颈显现，只有增强体育社会组织的筹资能力、探索市场化的筹资机制，才能促进体育社会组织的健康发展。

（二）体育社团研究

1. 国外体育社团研究

许多发达国家由于社会经济的快速提升，也促使了体育社团在各方面的发展逐渐走向成熟阶段，主要表现在以下三个方面。

一是体育社团法律化。在发达国家，与体育社团相关的登记、变更、注销、监管、处罚等各种制度严格规范。[②]例如，《德国民法典》对非营利性俱乐部法人的注册条件以及法人资格取消有明确的规定；《日本民法典》规定了公益法人的设立、管理、解散、处罚等事项；《英国慈善法》对包括慈善组织的注册和命名、慈善委员会的设立、内部治理和自律机制在内的内容进行了详细的说明。[③]

二是体育社团社会合法化。由于体育社团是民间力量采取自下而上的自发方式创立，因此具有广泛的社会认同。[④]例如，英国体育理事会管理模式特点——结合型体育管理体制，英国的体育机构可以分为管理体育的政府部门和各种类型的体育社会组织。[⑤]

三是体育社团管理体制规范化。体育社团的具体管理方面多采取民主管理的模式，因此，具有相当强的生存与发展能力。[⑥]例如，日本体育管理体制是文部科学省中设立的体育局，对全国的体育事业进行全面的监控和管理，在体育政策的制定和实施以及体育资源的配置上起主导作用，事务性工作主要由日本体育协会及日本奥委会承担。[⑦]

国外体育管理体制划分为政府管理型、结合型、社团管理型三种类型，但大多在管理体制上都是采取民办官助的管理模式。

2. 国内体育社团研究

我国卢元镇[⑧]是比较早研究体育社团的学者，在《论中国体育社团》（1996）一文

① 魏鹏娟. 我国体育非营利组织筹资机制的调整与转变[J]. 体育世界(学术版),2019(04):57-58.

② 黄亚玲. 论中国体育社团——国家与社会关系转变下的体育社团改革[D]. 北京:北京体育大学,2003.

③ 宛丽,罗林. 体育社团的合法性分类及发展对策[J]. 北京体育大学学报,2001(02):155-157.

④ 周进国,周爱光. 发达国家体育社团发展的经验与启示[J]. 广州体育学院学报. 2017,37(01):8-11.

⑤ 戴文忠,栾开封. 中国与英国、瑞典体育管理体制比较[J]. 体育文化导刊,1999(01):20-22.

⑥ 同④.

⑦ 杨文轩,陈琦. 体育概论:第三版[M]. 北京:高等教育出版社,2021.

⑧ 卢元镇. 论中国体育社团[J]. 北京体育大学学报,1996(01):1-7.

中，对体育社团做出了定义：体育社团是以体育为共同特征的人相聚而成的互益组织，具有民间性、非营利性、互益性和同类相聚性等基本性质。岳颂东[1]（1999）从社团的公益特征出发，认为社团是以从事社会公益活动为目的、按照法定程序组织起来的社会组织。黄亚玲[2]（2003）认为，作为体育社会组织的存在形式之一，体育社团是公民自愿组成、自主管理，为实现会员共同意愿，按照其章程以体育运动（或活动）为目的的非营利性社会组织。

国内有不少学者对体育社团发展进行较多学术研究，如王东升、余伟俊、孙毅等[3]（2012）在《我国非营利性体育组织发展困境分析》一文中指出，非营利性体育组织的发展状况取决于公民社会的健全，但由于外部环境不够完善，民众与国家权力有难以逾越的鸿沟，国家在短期内还无法实现竞技体育与群众体育并重，竞技体育侵占群众体育资源还会持续一段时间。汪焱、王凯珍、汪流等[4]（2023）在《社会责任对体育社团组织绩效的影响研究》一文中，认为体育社团履行社会责任以提升组织绩效的传导作用，为我国体育社团的发展提供了理论参考，具体包括：（1）体育社团积极履行政治责任、治理责任、服务责任与发展责任，能显著提升组织绩效。其中，治理责任的直接影响较大，政治责任的直接影响较小。（2）体育社团履行社会责任能够显著提升利益相关者的满意度，更容易得到政府的认可和培育。（3）利益相关者满意、政府培育在体育社团通过履行社会责任提升组织绩效的过程中起到中介作用。（4）政府要完善体育社团履行社会责任的规划、评价、监督、激励、问责等推进机制，增强体育社团的社会责任意识。

综上所述，我国社会组织的成立分为两种模式：一种是"体制内"模式，由政府主管部门组建各协会，这些协会在政府的授权或委托下，承担该行业管理部门的部分职能；另一种是"体制外"模式，是民间自发组建的"民间组织"，通过自己协会自律管理，不受行政权力的完全控制。两种模式都是以民间加官方的特殊性质生存，主要依赖于政府财政支持，经费来源单一。更为突出的是，现阶段体育社团数量不断增加，但缺乏有效的监督和评估机制来监管，让其朝着健康的轨道发展。在这样混乱的发展模式下，应找出具体的问题并有针对性地制定相应考核指标和监督体系来规范其发展。

（三）国内体育类民办非企业单位研究

我国对体育类民办非企业单位有以下研究。

汪流、王凯珍、李勇等[5]（2008）在《我国体育类民间组织现状与未来发展思路》

① 岳颂东.市场经济条件下的社团组织[J].中国青年科技,1999(03):60-62.
② 黄亚玲.论中国体育社团——国家与社会关系转变下的体育社团改革[D].北京:北京体育大学,2003.
③ 王东升,余伟俊,孙毅.我国非营利性体育组织发展困境分析[J].体育文化导刊,2012(06):21-24.
④ 汪焱,王凯珍,汪流,等.社会责任对体育社团组织绩效的影响研究[J].体育与科学,2023,44(06):90-100.
⑤ 汪流.我国体育类民间组织现状与未来发展思路[J].成都体育学院学报,2008(01):22-26.

一文中提到：进入21世纪以来，体育社会组织的治理机制朝着合理布局和结构优化的方向发展。体育类民办非企业单位的发展空间不断扩大，有利于我国体育社会组织结构的完善。但是，现有的问题不容忽视。体育类民办非企业单位发展受限于专业体育人才的缺乏，主要原因是社会政府缺乏对体育类民办非企业单位的认同和宣传，导致社会对体育类民办非企业单位支持不足。

汪流、李捷等[①]（2010）在《北京市体育社会组织发展研究》一文中简要介绍了我国体育类民办非企业单位的基本发展情况和北京市体育社会组织治理存在的主要问题。

汪流、王凯珍[②]（2010）在《我国体育类民办非企业单位发展研究》一文中，特别指出了体育类民办非企业单位的三个特征：民办性特征、实体性特征、部分营利性特征。他们认为，现今体育类民办非企业单位的治理现状包括：（1）发展势头强劲但地理分布不均；（2）体育类民办非企业单位多以法人、个体形式存在；（3）区、县级体育类民办非企业单位占主体，省、国家级体育类民办非企业单位数量相对缺少。在这种情况下，体育类民办非企业单位治理具有宣传、支持力度不足，数量规模亟待发展等问题。他们还提出，体育类民办非企业单位是体育类民办实体组织，具有非营利性，目的是为社会提供体育社会服务。体育类民办非企业单位的存在，承接了部分体育事业单位提供社会公共体育服务的职能，是对政府事业的补充，也为群众体育的发展发挥了积极作用。在治理路径上，要开辟多种渠道支持体育类民办非企业单位的发展，使体育类民办非企业单位在社会环境中具有影响力，对积极参与和支持全民健身的体育类民办非企业单位，应该建立明确的奖励机制。

汪流、王凯珍[③]（2011）在《体育类民办非企业单位发展——京、沪、青岛三地的比较》一文中，对青岛、北京、上海三地的体育类民办非企业单位的发展趋势、治理机制、具体活动、收支情况进行比较研究，得出结论：市场化程度、地方文化传统和治理机制是影响体育类民办非企业单位发展差异的相对主导因素。在上海、青岛等市场化程度占优势的地区，体育类民办非企业单位的治理优于北京；传统文化的差异也导致体育类民办非企业单位治理的侧重点有所不同，传统的体育氛围也影响社会力量参与体育类民办非企业单位治理的积极性；在管理体制上，青岛对其实施了非政府业务主管单位模式，业务主管单位非政府化预示一种新的管理体制的出现，让体育类民办非企业单位能专注于自身产品服务质量，全心全意做社会体育服务。

赖齐花等[④]（2011）在《体育类民办非企业单位管理体制研究》一文中提出，我国

① 汪流,李捷.北京市体育社会组织发展研究[J].北京社会科学,2010(02):59-63.
② 汪流,王凯珍.我国体育类民办非企业单位发展研究[J].北京体育大学学报,2010,33(08):23-26.
③ 汪流,王凯珍.体育类民办非企业单位发展——京、沪、青岛三地的比较[J].北京体育大学学报,2011,34(01):24-28.
④ 赖齐花,张荣贤,刘莎.体育类民办非企业单位管理体制研究[J].体育文化导刊,2011(04):13-15.

体育类民办非企业单位的数量不断增加，现已进入质量提升的阶段；同时，体育业务主管单位的简政放权也为体育类民办非企业单位提供了可发展的空间。体育类民办非企业单位应建立健全自身管理制度，包括建立合理的管理结构、完善的法规，以实现内部责任和权力的平衡，通过外部市场竞争加强对内部管理的制约等。其中，治理机制对体育类民办非企业单位尤为重要，必须在绩效评估、信息披露、资源保障、服务质量优化等方面进行制度创新。

王铮等[①]（2011）在《基于市民社会和法团主义理论对我国体育非营利组织发展的思考》一文中，分析了市民社会理论和法团主义理论，认为这两种理论无明显国界，市民社会理论和法团主义理论在我国体育社会组织近三十年的发展中均有所体现，体育青少年俱乐部和社区体育则是多有法团主义理论的痕迹。他们还提出，在市民社会理论的前提下，大力培育基层体育非营利组织，并根据法团主义理论提出对体育社团进行分类改革，通过制度创新促进体育类民办非企业单位制度灵活度的建议。体育类民办非企业单位的发展需要一个更灵活的机制，借鉴参考法团主义理论，提出鼓励社会力量在同一地区建立多个体育类民办非企业单位，形成公益事业相互竞争的局面。

谢文胜等[②]（2012年）认为，需要改变体育类民办非企业单位评估体系、实施评估和信息披露制度的监督机制、规范内部管理，才能有效提高自身素质，获得社会的公信力和影响力。在完善体育类民办非企业单位内部治理、建立评估框架和指标时，可以从以下六个方面对体育类民办非企业单位进行评估：目标和活动、治理结构、组织管理和能力建设、信息透明度、相关利益者的权利利益、对社会影响以及二级指标评分规则的制定。在评估结果的确定上，建议实施分段评估，让评估标准随体育类民办非企业单位的成长而提高。

赵子江[③]（2013）在《我国体育民间组织概念及分类研究述评》一文中对体育组织的概念进行了界定和分类。同时，根据分类合法性原则，从当前社会大环境、行政和业务主管部门及相关法律对我国体育民间组织的认可度进行了探寻，还对体育类民办非企业单位的生存水平和组织界限的定义进行了探讨。根据组织的性质和制度的特点，对一般体育民间组织进行分类。体育类民办非企业单位按合法性分类，属于法律上合法的体育民间组织；按组织性质和制度分类，属于非会员制的公益性体育组织。

许宁[④]（2014）在《体育类民办非企业单位法律地位及发展困境探析》一文中，提

① 王铮,张远蓉.基于市民社会和法团主义理论对我国体育非营利组织发展的思考[J].南京体育学院学报,2011,25(5):39-41.

② 谢文胜,李井海.体育类民办非企业单位评估体系研究[J].广州体育学院学报,2012(05):40-45.

③ 赵子江.我国体育民间组织概念及分类研究述评[J].首都体育学院学报,2013(01):11-14.

④ 许宁.体育类民办非企业单位法律地位及发展困境探析[J].浙江体育科学,2014(05):7-9.

出了体育类民办非企业单位法人法律地位模糊不清的问题。法人代表没有权责统一是法律上影响体育类民办非企业单位发展的主要瓶颈。我国的法人类型分为四类，即企业法人、机关法人、事业单位法人、社会团体法人。体育类民办非企业单位由于自身的实体性、非营利性不能（或不能完全）归类为上述任何法人类型。体育类民办非企业单位的资产性质也很难界定，虽然体育类民办非企业单位是社会力量使用非国有资产举办的，但在实际工作中，很难确定资产的来源性质。

许宁、黄亚宁[①]（2016）在《体育类民办非企业单位资产困境与路径选择——资源依赖理论的视角》一文中，认为体育类民办非企业单位法律身份确立十年以来，体育类民办非企业单位在整体数量上发展相对较快，但提供社会服务产品获得的收益不高。许宁等从资产角度给出的路径选择是：在组织内部，完善会计制度，积极谋求社会赞助，加快公益事业职业化进程，提高体育类民办非企业单位从业人员待遇；在组织外部，相关基金应该为体育类民办非企业单位提供一定的资金资助，政府提供政策制度保障。

（四）国内体育基金会研究

国内对体育基金会研究，主要是对体育基金会的外部环境、治理体系、运作方式的分析及对策研究。例如，崔丽丽等（2013）的《我国体育基金会运营与未来发展研究》，方儒钦（2013）的《我国公募体育基金会与非公募体育基金会运作的比较分析》，许玮（2021）的《新时代我国体育基金会发展面临的问题与挑战》，刘晓慧等（2022）的《由互联网公益引发我国体育基金会创新发展的思考》等论文均分析了体育基金会的资金来源渠道，提出了我国体育基金会发展面临的诸多困境及对策措施，认为应该优化我国体育基金会的筹资形式，调整项目布局，加强对体育基金会非公益开支的监督力度。刘雨多[②]（2019）在《中华全国体育基金会的运作模式研究》一文中，认为体育基金会会逐渐成为使公众信任的体育公益平台，所募集资金的投放渠道多样，涉及人群范围较广，要加强监管。张宗银、张丽颖等[③]（2018）在《我国公募与非公募体育基金会对比研究》一文中，建议尽快完成体育基金会评估工作，提高资金的运作能力，加大对体育公益专业人才的培养和投入力度，切实提高体育基金会管理人员的综合素质。

（五）小结及思考

国外关于体育社会组织研究的理论成果、研究方法和实践经验，可为我国社会组织

---

① 许宁,黄亚宁.体育类民办非企业单位的资产困境与路径选择——资源依赖理论的视角[J].天津体育学院学报, 2016,31(01):18-23.

② 刘雨多.中华全国体育基金会的运作模式研究[J].灌篮,2019(11):205.

③ 张宗银,张丽颖.我国公募与非公募体育基金会对比研究[J].体育成人教育学刊,2018(06):48-51.

研究和体育社会组织研究、体育社会组织建设与发展提供借鉴和启示。国内学者对体育社会组织的研究已取得大量成果，研究主要集中在体育社会组织的发展现状、问题、对策措施和对国外体育社会组织的对比研究上，对体育社会组织综合治理机制和发展模式研究还存在一些局限，缺乏对体育类社会组织全面、深层次研究，部分研究仍是对制度或政策层面的宏观研究，对微观层面的体育社会组织内部治理和评估方法、评估标准研究存在不足。

我国在推动体育类民办非企业单位建设和发展方面，尚未成为社会普遍认知。体育界对体育类民办非企业单位的研究时间也不长，对体育基金会的研究时间更短，成果也更少。

四、研究对象及方法

（一）研究对象

以我国民政部门规范的体育社团（体育社会团体的简称）、体育类民办非企业单位（体育类社会服务机构）[①]、体育基金会三大类体育社会组织为研究对象，分析研究其发展规律，提出新的发展模式与治理机制。

（二）研究方法

1. 数据检索和分析的方法

以中国知网、读秀学术搜索、Web of Science、EBSCO等数据库平台和民政部、国家体育总局、相关省（自治区、直辖市）等官方网站为基础，利用大数据分析方法，以问题为导向，从庞杂的大数据中有目标、快速有效地检索、搜集和整理国内外有关体育社会组织研究的资料、数据，分类统计，定量分析，找出规律性，得到所需要的结果。了解国内外相关研究达到了何种程度：哪些问题是已经解决的，可以为我们提供借鉴；哪些是需要重新解答或相对薄弱的地方，需要我们研究解决。通过分析、考证以支撑课题对相关观点的研究，考察其可能的生长点。

2. 系统分析的方法

体育社会组织是社会结构中的一部分，而社会是一个复杂的系统，将体育社会组织放在整个社会大系统中去考察，分析我国体育社会组织怎样发展，才更有利于全民健身和健康中国建设，更有利于促进我国当下社会的治理与发展。本研究把我国体育社团、体育类民办非企业单位、体育基金会等三大类体育社会组织，作为一个整体，放入社会

[①] 注：中共中央办公厅、国务院办公厅《关于改革社会组织管理制度促进社会组织健康有序发展的意见》（2016-8-21）中，已将"民办非企业单位"改称为"社会服务机构"。但为了研究方便，本书仍沿用"体育类民办非企业单位"名称。

大系统中统一考量，以健康中国建设为背景，提出我国体育社会组织今后的发展方向和趋势。

3. 社会调查的方法

社会调查的方法是指有目的地、有计划地、全面系统地搜集研究对象的现实状况或历史材料的方法。社会调查的方法不仅需要获取大量、丰富的资料，还要对所搜集的资料进行分析、综合、比较、归纳，以发现存在的问题，或者获取规律性、本质性的认识。本研究是在"大健康"背景下，探讨体育社会组织在我国体育事业和社会发展中的作用，是一个很实在的现实问题。笔者采用了社会调查的方法中具体的访谈法、实地调查法、德尔菲法、问卷调查法等对各级各类体育社会组织，进行较为深入的调查研究，获取第一手材料。

2017年10月—2023年10月，笔者先后赴国家体育总局采集数据3次，相关省（自治区、直辖市）体育局、体育总会、省（自治区、直辖市）文体旅游局深度调查20余次，省（自治区、直辖市）民政部门深度调查7次，赴美国、日本实地调查3次；通过面谈、电话访谈、邮件、微信等形式对相关领域人员深度访谈80余人次，随机调查访谈受众人员1 000余人次；采用德尔菲法向17名体育学与体育管理领域等专家，省（自治区、直辖市）民政部门、体育部门领导人，体育社会组织负责人进行调查；赴四川、广东、江苏、山东、湖北、重庆等省（自治区、直辖市），对33个体育社会组织进行了实地调查，获取了大量翔实的数据材料，以支撑本研究的观点。

4. 比较研究的方法

笔者还采用了纵向比较和横向比较相结合的研究方法，纵向考察新中国成立以来我国体育社会组织的发展情况、存在的问题及原因；横向考察不同制度、不同文化背景下的欧美、日本等国家的体育社会组织与我国体育社会组织的异同，即治理机制和发展模式的共同性和差异性，分析总结国外体育社会组织发展对我国体育社会组织发展改革的影响及借鉴作用，研究我国体育社会组织发展模式本土化的路径、特征和规律。

第一章　组织的起源及阐释

第一节　组　　织

组织是指按照一定的宗旨和系统建立起来的群体。管理学中的组织（organization）是指按照一定目的程序和规则组成的一种多层次、多岗位以及具有相应人员隶属关系的权责角色结构，它是职、责、权、利四位一体的机构。组织包含了三种含义：（1）组织有共同的目标；（2）组织有不同层次的分工协作；（3）组织有相应的权力和责任。

"组织产生于人类的生产斗争和社会斗争之中，最初出现的人类组织是家庭、氏族、部落，以后逐渐产生了阶级，出现了国家。国家将其领域内的每个成员都编入了一定的组织。"[①]经过逐渐演变，发展成了现在各种各样的组织。在现代社会中，组织的身影无处不在、无时不在，我们都有形或者无形地处在不同的组织中，组织千丝万缕地与我们的生活交织在一起，影响着我们每一个人的学习、生活、工作。

第二节　社　会　组　织

社会组织是指为了执行一定的社会职能，完成特定的社会目标，具有明确规章制度的一个独立单位，是正式化的社会群体[②]，也是人们为了有效地达到特定目标而建立的一种共同生活群体[③]。在现代社会中，社会组织是整个社会系统中非常重要的组成部分，社会组织的特征主要有：①特定的组织目标；②一定数量的固定成员；③制度化的组织结构；④普遍化的行为规范。

社会科学中的社会组织（social organization）这个概念，还有广义和狭义之分。广义的社会组织，是指人们从事共同活动的所有群体形式，包括政府、军队、学校、家族等。狭义的社会组织，是指有意识地组合起来实现特定目标的社会群体，如医院、学

---

① 蔡立辉,王乐夫.公共管理学[M].北京:中国人民大学出版社,2018.

② 王雪梅.社会学概论[M].北京:中国经济出版社,2001.

③ 钟玉英.社会学概论[M].广州:华南理工大学出版社,2011.

校、企业、社会团体等。本书中的社会组织特指狭义的社会组织，即人们为了特定目标而组建起来的稳定的社会群体，包括社会团体、民办非企业单位、基金会。

社会团体是一种基于一定社会关系而形成的会员制组织，以人及其社会关系为基础；民办非企业单位是非会员制组织，是指那些由民间出资成立的各种社会服务机构，是一种直接提供各种社会服务的实体性机构；基金会也是非会员制组织，是一种基于一定财产关系而形成的财团性组织，以财产及其公益关系为基础。这三种形式的社会组织都需要经过合法登记注册。[①]

第三节　体育社会组织

按照我国民政部的规定，本研究中的体育社会组织包括体育社会团体、体育类民办非企业单位和体育基金会等三大类。有的学者又把体育社会团体、体育类民办非企业单位和体育基金会统称为民间体育组织或非营利性体育组织。

一、社团

社团（mass organizations）又称为社会团体，是指具有某些共同特征、共同意愿的人相聚而成的互惠组织。国务院1998年10月25日颁布，2016年2月6日修订的《社会团体登记管理条例》（〔1998〕250号）规定："社会团体，是指中国公民自愿组成，为实现会员共同意愿，按照其章程开展活动的非营利性社会组织。国家机关以外的组织可以作为单位会员加入社会团体。"社会团体的成立，应当经其业务主管单位审查同意，并接受登记管理机关和业务主管单位的监督。

二、体育社团

体育社团，即体育社会团体的简称，是公民和法人以从事和发展体育事业、组织开展全民健身为目的，自愿结成的群众性社会组织。四川省体育局2001年8月22日印发的《四川省体育社会团体管理办法》（川体局发〔2001〕78号）第三条指出："体育社团是指各级体育社团业务主管单位审查同意并经各级民政部门审批登记的具备法人条件的非营利性社会组织。"目前，我国体育社团具体包括：全省各级体育总会、单项运动协会、按管理分类的其他体育协会，以及各类体育促进会。

三、民办非企业单位

国务院1998年10月25日颁布的《民办非企业单位登记管理暂行条例》（〔1998〕251号）

[①] 王名. 社会组织概论[M]. 北京：中国社会出版社，2010.

规定："民办非企业单位是指企业事业单位、社会团体和其他社会力量以及公民个人利用非国有资产举办的，从事非营利性社会服务活动的社会组织。""民办非企业单位不得从事营利性经营活动。"

四、体育类民办非企业单位

国家体育总局、民政部2000年11月10日发布的《体育类民办非企业单位登记审查与管理暂行办法》第二条规定："体育类民办非企业单位，是指由企业事业单位、社会团体、其他社会力量和公民个人利用非国有资产举办的，不以营利为目的的，以开展体育活动为主要内容的民办的中心、院、社、俱乐部、场馆等社会组织。"目前，我国体育类民办非企业单位存在的主要形式是青少年体育俱乐部、体育健身中心和民办的体育运动项目学校，如武术学校、足球学校等。

五、基金会

基金会是管理专项拨款或储备资金的机构。基金会的目的是兴办、维持或发展某项事业。基金会的宗旨是通过无偿资助，促进社会福利救助、社会科学、文化教育和体育事业等公益性事业的发展。国务院2004年3月8日颁布施行的《基金会管理条例》（〔2004〕400号）规定："基金会是指利用自然人、法人或者其他组织捐赠的财产，以从事公益事业为目的，按照规定成立的非营利性法人。""基金会分为面向公众募捐的基金会（简称公募基金会）和不得面向公众募捐的基金会（简称非公募基金会）。公募基金会按照募捐的地域范围，分为全国性公募基金会和地方性公募基金会。"

六、体育基金会

体育基金会即基金会中的体育类，是指以从事体育公益事业为目的，按照相关条例规定成立的非营利性法人体育社会组织。目前，我国的体育基金会绝大多数属于公募基金会，有全国性公募体育基金会和地方性公募体育基金会。

第四节　涉外体育社会组织

一、涉外体育社会组织的含义及分类

涉外体育社会组织，是指体育组织在一个国家境内或者境外成立，组织成员涉及他国国籍，在国内或国外开展体育活动的体育社会组织。在我国，涉外体育社会组织还只是体育社会组织中的一种特殊情况，因此我们将其纳入整个体育社会组织中一并考察。

目前，我国涉外体育社会组织根据组织控制权的归属可以分为以下两类。

（1）以我国为主的涉外体育社会组织。例如，中国篮球协会（Chinese Basketball Associoction，CBA），它所组织的中国男子篮球职业联赛中，各支球队允许注册两名外籍球员，通过引进国外队员，相互学习，取长补短，增强自身实力。

（2）中外合作的涉外体育社会组织。例如，南京青奥会合作伙伴俱乐部，俱乐部成员包括10家奥林匹克全球合作伙伴，同时还有国内15家赞助企业，通过举办体育高峰论坛、主题讲座、商务沙龙等一系列活动，加强企业品牌推广和体育赛事服务，积极推动赞助企业之间的国际交流与沟通，为赞助企业拓展和开辟更为广阔的国际国内市场。

二、涉外体育社会组织的作用

涉外体育社会组织既有一般体育社会组织的作用和功能，也有其特殊作用。涉外体育社会组织主要是通过国际的交流与合作，互相学习，开阔眼界，引进人才，输出人才，吸收先进的体育项目以及体育项目技术、战术和管理经验，以此开拓创新，推动体育运动的发展和提升竞技体育水平。同时，通过国际的交流与合作，扩大体育社会组织自身在国际社会的知名度与影响力，也间接提升国家的国际影响力。

第二章　体育社会组织的功能

第一节　体育社会组织在我国体育事业发展中的作用

从各类体育社会组织的宗旨、章程来看，体育社会组织要提供相应的公共性、非营利性的体育服务。体育社会组织不仅在推动全民健身活动、提供体育公共服务方面发挥着重要作用，而且在满足体育弱势群体、特殊群体的体育需求方面也有着独特的优势。充分发挥体育社会组织的作用有助于解决体育社会问题，保护体育弱势群体的体育权利，缓解体育行政部门压力。这对促进社会体育公平、发展体育事业、促进我国体育外交工作、构建和谐社会具有极其重要的作用。[①]

一、在群众体育及全民健身中的作用

首先，体育社会组织担负着组织群众全民健身的重大职责，是推动群众体育发展的主力军。体育社会组织通过践行志愿精神，倡导全民健身意识，组织举办形式多样的体育活动，引导人民群众形成体育健身意识，不断学习体育知识，增强体育技能，积极主动地参与全民健身活动，为推动全民健身运动提供良好的组织支持。

其次，体育社会组织所能覆盖的人口是其他组织都无法比拟的。体育社会组织深入街道、社区、乡村，成为全民健身服务体系的主要纽带和群众体育运动发展的重要支撑。

最后，体育社会组织团结并组织体育工作者和体育爱好者，开展社会体育活动和全民健身活动，积极推广体育运动，为提高公民身体素质和身体健康水平，营造健康、和谐的人际环境发挥了积极作用，在群众体育和全民健身事业中的地位和作用非常重要。

二、在竞技体育中的作用

体育社会组织的发展程度越高，体育社会化程度和体育事业的发展程度就越高，对竞技体育的促进作用就越大。体育社会组织精心组织重大体育赛事，开展各种群众性体育活动，增加了体育人口基数，对提高运动技术水平、培养与选拔竞技体育后备人才举足轻重。往往群众体育越发达，群众基础越好的体育项目，竞技体育后备人才的选拔面

---

① 陈芳,袁建伟.体育社会组织在开展全民健身活动中的作用[J].体育研究与教育,2012（02）:10-12.

就越广，质量就会越好。同时，竞技体育中的科研创新成果，可以通过体育社会组织（体育协会）转化到群众体育中去，促进群众体育水平提高。

三、在促进体育产业和体育文化发展中的作用

完善的体育产业体系，能满足人民群众日益增长的体育健身需求，人民群众日益增长的体育健身需求，又能促进体育产业的发展。体育社会组织组织的体育赛事、策划的体育活动越多，涉及的场地、器材、宣传及参与的人就越多；积极参与体育和体育健身活动的人越多，需要的体育健身俱乐部就越多，需要的体育场地、体育健身器材、体育健身装备（如运动的服装、鞋子、袜子、帽子）等也就越多。这些都将对体育产业的发展起到重要的推动作用。

参加体育活动，不仅仅是锻炼、塑造一个健康的身体，更是一种积极、健康的心理活动和人生态度，是使人的本性、个性特征能够得到特别展现的一个平台。体育社会组织发动和积极组织群众参与体育活动，本身就是一种健全身体的教育和实践活动，可以让人们认识到体育是一种文化，是现代社会中重要的文化表现形式之一。从而，在不自觉中受到体育文化的熏陶，提升精神境界，改变人生态度和思想意识，起到传播体育文化、推动体育文化发展和创新的作用。

四、在促进我国体育外交工作中的作用

在我国对外交往、交流的工作中，体育的作用已凸显，并且将发挥出越来越重要的作用。在国际体育交往中，往往都是体育社会组织之间的交往，他们有的代表体育组织，有的代表国家或地区，如各国奥林匹克运动委员会、各单项体育协会、体育俱乐部等。不管国家与国家之间有何种意识形态差异、制度差异、文化差异，体育社会组织容易得到国际社会的认可和接纳，交往起来更方便。例如，我国的"乒乓外交"（"小球推动大球"），就是体育促进外交成功的典范。我国的乒乓球协会、篮球协会、武术协会等在我国的对外交往中就已经发挥出了很好的桥梁、纽带作用。随着我国体育社会组织的发展壮大、能力的提升、影响力的扩大，体育社会组织将进一步促进我国体育外交工作的发展。

第二节　体育社会组织发展与社会发展相互促进

一、体育社会组织的发展促进社会和谐

体育社会组织的一个主要职能，就是组织群众性的体育活动。尤其是体育社会组织中的体育社团，其成员来自群众，知晓群众的需要，能根据群众的需要开展工作和活

动。形式多样、内容丰富的体育健身活动、体育赛事活动，促进人与人之间的沟通，构建了和谐社会基础。体育社会组织是公益性的组织，它们的存在本身就是为群众服务的，它们的工作能够使人民群众有一种获得感、被尊重感。总之，体育社会组织能客观地反映公众诉求，协调公众与政府的关系。体育社会组织卓有成效的工作，会使人民群众获得心理满足、情感满足，促进社会和谐。

二、体育社会组织的发展促进社会治理创新

体育社会组织的迅猛发展，一方面要求我们在对社会的治理上要有新方法、新模式；另一方面，对体育社会组织的管理也提出了新思路。

由于政府职能的转变，体育社会组织承担了一部分政府的公共服务职能，一些公共体育服务的任务交给了体育社会组织去做。政府作为社会管理的主体部分，既要制定规则，明确哪些公共体育服务可以由体育社会组织去做，哪些不能交由体育社会组织去做；同时，还需要对体育社会组织进行培训、培育，提高它们的公共服务能力和承接政府职能转移的能力。那么，对政府而言，对社会的治理也就由微观转为宏观，由直接转为间接，由管理转为监督，既要放手让体育社会组织自己去做，但宏观调控、监督指导也必须做好。尽管体育社会组织在体育公共服务和体育公共管理中作用巨大，但不注意对其进行有效规范，它们在自身发育和运转过程中，也可能出现公益不足或价值取向非公益化现象。因此，政府从宏观上做好体育社会组织的监督管理工作，仍然至关重要。

当前，虽然对体育社会组织的管理有了一些新的措施和办法，但仍需结合实际，针对不同的情况，创新治理方法和管理措施。

三、体育社会组织的发展促进社会经济发展

纵观国内外体育社会组织发展情况，已经证明，体育社会组织的发展能促进社会经济发展。

首先，增加就业机会。每一个体育社会组织成立，都需要一定的工作人员，能吸纳一些社会人员就业。

其次，尤其是体育社团、体育类民办非企业单位积极努力工作，能很好地发展第三产业——体育服务业。体育服务业的高度发达，能为一个地区、一个城市营造好的投资环境，吸引投资，发展本地经济。

再次，充分发挥好体育社会组织的作用，促进群众体育和全民健身活动开展，提高广大人民的身体素质、生活质量和活力，就会提高工作、生产效率和质量，间接地促进经济的发展。

最后，在政府的大力支持下，充分发挥好体育社会组织的作用和功能，举办高质量的体育赛事，能提高本地的知名度、美誉度，吸引更多的国际国内体育赛事落户本地，打造出各具特色的体育赛事名城，丰富居民的体育文化生活，促进体育消费，发展体育赛事经济。同时，发展多类别、多功能的体育产业，也能为经济发展增加新动能，促进新增长。

第三节　政府职能转变与体育社会组织发展

政府职能转变，是指国家行政机关在一定时期内，根据国家和社会发展的需要，对其应担负的职责和所发挥的功能、作用的范围、内容、方式的转移与变化。党的十八届三中全会指出，政府职能转变"由全能政府向有限政府转变，由人治政府向法治政府转变，由封闭政府向透明政府转变，由管制政府向服务政府转变"。随着政府机构改革、职能转变，政府承担的部分经济职能和社会职能将转移给社会组织，由社会组织发挥其相应职能和作用，依靠市场进行资源配置和重组，实现社会自我组织管理。[①]社会组织既是政府职能转变的促进者，也是承接者，还是社会管理的参与者。因此，政府体育职能转变与体育社会组织发展之间呈相互促进的关系。

一、充分发挥体育社会组织的作用是政府职能转变的客观要求

政府职能转变的内容之一，就是要把一些职能交由社会组织去执行、去完成。因此客观上，只有大力发展体育社会组织，政府体育职能转变才有承接者；只有充分发挥体育社会组织的作用，才能有效承接政府转移的各项体育职能和职权。

（一）体育社会组织促进政府执政理念转变

体育社会组织承接社会服务的功能与职责填补了公益和公共服务：①一些社会服务如体育公益事业等，需要通过体育社会组织来完成。②体育社会组织是人们自主选择的大众群体，对新的制度和新的社会组织方式善于创新，勇于承受风险；在组织体制、组织结构、活动方式等方面能够灵活调整等[②]，对体育人口的增加有明显的促进作用。③体育社会组织可以通过发展体育公益事业来扶助体育弱势群体，且发挥着越来越重要的作用。这就促进了政府执政理念的转变，即：政府应当从全能型政府向有限型政府转变，从管理型政府向服务型政府转变[③]，由微观操作向宏观管理、指导监督转变。

① 孔德甲.民间组织培育与政府职能转变[J].中共成都市委党校学报,2004(01):43-45.
② 郝亮.政府职能转变背景下社区体育社会组织的社会责任探析[J].中国学校体育(高等教育),2014(02):12-15.
③ 夏瑜.从社会组织看和谐社会与政府职能转变[J].现代交际,2011(08):92-93.

（二）体育社会组织承接政府分化的管理职能，有利于社会治理创新

体育社会组织承接政府转移分化出来的相关社会职能，对政府的工作可以起到拾遗补缺的作用，是体育行政机构改革、转变体育行政职能的需要。政府可以通过行政合同、行政委托和行政授权等方式使体育社会组织代替政府执行社会体育管理的部分职能，提高政府的宏观调控、规划和监督管理的能力与效率，建立高效政府。体育社会组织是基于人民大众认同并自愿加入的，组织内部协调和沟通更为便捷，很多原本需要政府出面解决的问题，在组织内部通过理性的协商便可解决，这有利于形成和扩大民众的社会共识，使更多的社会成员认可并接受新的社会规则[①]，有利于政府对社会的治理创新。

体育社会组织具有社会性和民间性，能够比较客观地反映不同阶层的利益诉求，为政府的决策提供来自基层的不同声音和意见，有助于平衡一些社会矛盾，实现社会公平正义；体育社会组织可以开展有效的体育健身活动、休闲体育娱乐活动、体育竞技活动等社会活动，及时有效地释放和缓解一些压力，促进社会稳定。

（三）充分发挥体育社会组织作用，将加速政府职能重构

现代政治学认为，一个成熟的社会，是政府、企业和社会组织三种力量基本均衡的社会。德鲁克基金会主席弗朗西斯·赫塞尔本（Frances Hesselbein）认为："任何一个国家的发展都不能只依靠政府和企业，非营利组织作为具有强有力使命感的'第三部门'，必将为社会发展做出更大贡献。"

实现政府职能转变的根本途径是权力下放，做到政企分开，政资分开，政事分开，政社分开；强化社会权利和自治能力，实现政府组织、非政府组织、社会公众对社会的共同治理；减少对市场的干预和规制，确保社会组织的独立性，政府与社会组织的功能发生新的分化和合理定位，从而促进政府职能的重构。体育社会组织以公共利益为目标，通过有组织的活动，唤起民众的公共意识，影响政府的公共决策，促使政府实现为人民服务的宗旨。所以，充分发挥体育社会组织的作用，将加速政府体育职能的重构。

二、政府职能转变为体育社会组织发展创造了良好的政治环境

党的十六届三中全会指出，要按市场化原则规范和发展各类行业协会等自律性组织。党的十六届六中全会进一步强调，要坚持培育发展和管理监督并重，完善培育扶持和依法管理社会组织的政策，发挥各类社会组织提供服务、反映诉求、规范行为的作用，为经济社会发展服务。党的十七届二中全会通过的《关于深化行政管理体制改革的

---

① 陈运雄，余晶. 论非政府组织在政府职能转变中的作用[J]. 改革与开放，2014(19)：5-6.

意见》明确指出，"深化行政管理体制改革要以政府职能转变为核心。加快推进政企分开、政资分开、政事分开、政府与市场中介组织分开，把不该由政府管理的事项转移出去，把该由政府管理的事项切实管好，从制度上更好地发挥市场在资源配置中的基础性作用，更好地发挥公民和社会组织在社会公共事务管理中的作用，更加有效地提供公共产品"。党的十八届三中全会指出，要"必须切实转变政府职能……""激发社会组织活力。正确处理政府和社会组织的关系，加快实施政社分开，推进社会组织明确权责、依法自治、发挥作用。适合由社会组织提供的公共服务和解决的事项，交由社会组织承担"。政府职能的转变给体育社会组织提供了很好的生存环境与发展空间。

同时，国家和地方政府也出台了大力发展社会组织和体育社会组织的相关文件、政策措施。例如，《国务院办公厅关于加快推进行业协会商会改革和发展的若干意见》（国办发〔2007〕36号）要求，社会组织积极拓展行业协会的职能，充分发挥其桥梁和纽带作用。《全民健身条例》第三条规定："国家推动基层文化体育组织建设，鼓励体育类社会团体、体育类民办非企业单位等群众性体育组织开展全民健身活动。"《国务院关于加快发展体育产业促进体育消费的若干意见》（国发〔2014〕46号）明确提出，要"培育发展多形式、多层次体育协会和中介组织"。民政部办公厅印发《培育发展社区社会组织专项行动方案（2021—2023年》（民办发〔2020〕36号）指出："培育发展社区社会组织，对于加强和创新社会治理，建设人人有责、人人尽责、人人享有的社会治理共同体具有重要意义。"民政部印发的《"十四五"社会组织发展规划》（民发〔2021〕21号）提出，"加强社会组织党的建设""完善社会组织法律制度""规范社会组织登记""健全社会组织监管体系""提升社会组织执法水平""加强社会组织自身建设""引导支持社会组织发展""发挥社会组织积极作用"。各级地方政府也采取了措施，扶持、培育体育社会组织的发展。例如，广东省体育局拿出一部分体育彩票公益金来资助社会组织。常德市发布了《常德市人民政府办公室关于加强社会组织建设管理的意见》，表示要大力培育发展社会组织，要突出发展重点、放宽准入条件、加大政策扶持力度、构建社会组织公共服务平台、建立政府购买服务机制、逐步转移政府职能。安徽省体育局于2012年印发了《关于加强和改进全省体育社团工作的指导意见》；并于2022年印发《安徽省体育彩票公益金支持体育事业专项资金管理办法》，提出该专项资金可支持建设群众体育组织和队伍。成都市财政2014年首次设立专项资金，安排预算2 000万元用于培育发展社会组织；2021年，《成都市社区社会组织发展三年行动计划（2022—2024年）》提出，要加大对社区社会组织的扶持力度。这些政策措施，使我国体育社会组织获得了前所未有的发展机遇，随着政府机构改革的深入，政府的许多社会管理职能、经济职能、公共服务职能和公共产品的生产转移到各类社会组织承担，为体育社会组织的发展创造了良好的政治环境。

三、政府与社会组织合作的理论模式是指导中国改革的新理论

政府与社会组织存在互为补充、合作共存的伙伴关系，二者呈现相互支持、相互合作的发展态势，已经引起了人们的高度重视。

我国全面深化改革，转变政府职能的根本目的，就是要下放政府权力，将政府和社会组织区分开，将政府的部分职能交给社会组织办理，充分发挥社会组织在社会治理中的重要作用，建立社会公共治理中政府和社会组织、政府和个人的良性互动机制，维护社会稳定和谐。要达到这一目的，就需要政府和社会组织的合作。政府和社会组织合作是国家社会治理方式的改革，在法治的框架下建立起政府与社会组织稳定的政治互信和良性合作关系，努力实现合作善治，建立成熟的现代化国家，是社会治理的发展方向和趋势，也是指导我国改革发展的新理论。

因此，政府和社会组织都需要更新治理理念，建立政治互信，顺应形势发展，明确体育社会组织的独立地位，建立健全法律法规，在法治的轨道上实现政府与体育社会组织的合作双赢。

第四节 "大健康"理念与体育社会组织发展

一、"大健康"理念的形成及理论意义

党的十八大以来，我国相继出台了《"健康中国2030"规划纲要》《国家人口发展规划（2016—2030年）》《中国防治慢性病中长期规划（2017—2025年）》《国民营养计划（2017—2030年）》等宏观性的政策文件。2018年的全国两会（中华人民共和国第十三届全国人民代表大会和中国人民政治协商会议第十三届全国委员会第一次会议）上，国务院机构改革方案获得批准，原国家卫生和计划生育委员会撤销，组建国家卫生健康委员会，把以治病为中心转变到以人民健康为中心，从治"已病"转化为治"未病"，以"大卫生""大健康"来推动健康中国发展。至此，"大健康"已上升为我国国家健康战略。

"大健康"是根据时代发展、社会需求与疾病谱的改变，提出的一种全局的理念。"大健康"追求的不仅是个体身体健康，还包含精神、心理、生理、社会、环境、道德等方面的完全健康。"大健康"提倡的不仅有科学的健康生活，更有正确的健康消费，

预防疾病比治疗疾病更重要的理念等，以提高整个国家和全民族的整体健康水平。"大健康"涉及各类与健康相关的信息、产品、保障和服务，也涉及各类组织为了满足社会的健康需求所采取的行动①。

"大健康"理念的提出，是人类社会发展、时代进步的表现之一，是人对自身、对社会、对自然生态环境、对人的生老病死思想认识水平提高的必然产物，是从关心物到关心人的认识飞跃，是建设现代化国家的必由之路。没有全面的健康就没有全面的小康，人民健康是国家富强、民族昌盛的基础和标志。

二、"大健康"理念引领体育社会组织快速发展

"大健康"理念的内涵包括：①个人健康意识提升，反映出来的主动健康意识；②全体国民健康素养提升，表现出来的自我健康管理行为；③从治病为中心转变为以人民健康为中心的国家层面医疗卫生工作重心的转移，包括健康保障制度的建立和完善；④从个体健康到全民健康，从体育健身到修身养性与康养护理；⑤从人体自身健康到自然生态环境、社会环境健康。"大健康"理念强调人与自然、人与社会、人与自己的和谐健康、休戚与共。

在"大健康"理念下，各级各类社会组织大有可为。体育社会组织，不仅在组织全民体育健身和体育健康教育方面，而且在健康产品生产经营、健康服务提供、慢性病预防和康复、健康信息传播等维持健康、修复健康、促进健康的大健康产业中将发挥出越来越大的作用与价值，同时，这也将促进体育社会组织自身的快速发展和进步。

首先，体育社会组织可以开发出适应不同人群需要的体育健身产品，推广应用于不同的社会人群。其次，积极开展体育健身、健康信息咨询服务，以及科学健身方法、科学健身知识的宣传、培训。再次，研发针对不同人群的体育健身、身体康复、慢性病预防的运动处方等方面多下功夫，贡献智慧和力量。最后，与卫生医疗部门共同开发自我健康管理方法等。总之，在"大健康"视域下，体育社会组织工作的范围、服务的范围将更为宽泛，内容更为丰富，社会更为需要。正如《"健康中国2030"规划纲要》明确提出，我们要"普及健康生活、优化健康服务、完善健康保障、建设健康环境、发展健康产业"。在这样的社会大背景下，体育社会组织在不断满足人民群众日益增长的健康需求的同时，也将获得更大的发展空间而实现高质量快速发展。

---

① 张福利,张赢盈. 全国医学类院校创新创业教育基础指南[M]. 西安:西安交通大学出版社,2018.

三、体育社会组织改革与发展，是推动健康中国建设的必然要求

"大健康"作为先进的思想理念，是我国党和国家、人民群众的共同愿望。2016年10月25日，中共中央、国务院印发的《"健康中国2030"规划纲要》，就是"大健康"这一先进理念的具体体现，是一项重要的国家战略部署。体育作为建设健康中国的重要组成部分，全民健身是健康中国建设的战略基础、前端要地和有力支撑，是全体人民增强体魄、幸福生活的基础保障[①]，在健康中国建设中应当发挥重要作用。体育社会组织在开展全民健身、组织大规模的群众体育活动、提高人民群众身体素质和健康水平、改善人民的生活方式、丰富人民精神文化生活、促进我国体育事业发展等方面，已经发挥出不可替代的作用，并且将发挥越来越重要的作用。因此，改变我国体育社会组织的发展模式、管理体制、治理机制，进一步挖掘、发挥体育社会组织更大的社会作用，是推行"大健康"的现实需要，是推动健康中国建设的必然要求。

---

① 刘国永.实施全民健身战略 推进健康中国建设[J].体育科学,2016(12):3-10.

第三章　体育社会组织发展现状

体育社会组织，即社会组织中的体育类，是人们为了体育目的需要而建立起来的较为稳定的合作形式，是从事各种体育运动、健身活动、体育服务、体育咨询、体育科研、体育学术交流等活动的社会组织。近年来，我国体育社会组织发展迅猛，1949年新中国成立时，仅有17个单项体育协会。《体育事业统计年鉴》中的数据显示，截至2022年，全国体育社团有45 528个，体育类民办非企业单位有19 565个，体育基金会有761个，总数共65 854个。我国在1949年新中国成立以前，已有一些体育社会组织的存在，本书仅研究1949年新中国成立以后，我国体育社会组织的发展情况。

第一节　我国体育社会组织发展情况

一、体育社团

体育社团的发展与社会经济的发展有密切关系，随着我国社会经济的不断发展，各类体育社团相继成立。从体育社团发展历程来看，2008年之前国家民政部门及体育部门并未对体育社团进行详细的统计，只能从其他文献资料中查找统计；截至本书成稿时，2023年的数据还未统计出来。因此，我们以此时间为节点，分别从新中国成立初期（1949—1965年）、1966—2007年、2008—2012年、2013—2019年、2020—2022五个时间段对体育社团数量进行统计分析。

（一）新中国成立初期（1949—1965年）

新中国成立初期，百废待兴。当时我国先后于1950年和1951年制定了《社会团体登记暂行办法》和《社会团体登记暂行办法实施细则》，对新中国成立前各类社会团体进行了整顿、清理，并在一定程度上积极扶持各类体育社团的成立。据资料[①]，在解放初期，体育社团的成立经历了两次高峰期：第一次是在1956年，先后有17个全国性体育社团成立；第二次是1964年，有8个全国性体育社团成立。而同期（1956—1964年），其他各个领域成立的社团总数之和只有12个。说明这一时期，体育社团的发展比其他领域的社团发展更好。

[①] 王名.中国社团改革:从政府选择到社会选择[M].北京:社会科学文献出版社,2010.

（二）1966—2007年

1966—2007年，体育社团经历了从完全瘫痪到快速发展的过程。1966—1976年，体育社团活动基本处于瘫痪和无序状态。随着党的十一届三中全会的召开，我国改革开放，社会经济逐渐得到发展，各体育社团纷纷开始恢复正常运转，新的体育社团纷纷成立。数据[①]显示，1979年全国社会团体成立数为60个，体育社团有13个。以后的数十年，体育社团一直呈现出稳步发展的趋势，特别是1998年国务院发布《社会团体登记管理条例》后，对体育社团进行了规范和整顿，体育社团呈现出较快发展的趋势。截至2002年，全国累计共有97个国家级体育社团（包括11个分支机构），899个省级体育社团[②]。截至2007年，全国各级各类体育社团总数约为21 000个。

（三）2008—2012年

我国自2008年开始，在《体育事业统计年鉴》中对体育社团专门列出，分类统计。《体育事业统计年鉴》资料显示，经过清理合并后，2008年统计，我国体育社团总数为22 527个，包括16个国家级体育社团、1 205个省级体育社团、6 335个地级体育社团、14 971个县级体育社团。2008—2012年，我国体育社团总体呈稳步发展趋势，整体数量波动幅度不大，虽然在2010年总数有所下降，2011年省级数量有细微下降，但到2012年又呈现增长趋势。截至2012年，我国体育社团总数达到34 806个，包括1 341个省级体育社团、10 228个地级体育社团、23 237个县级体育社团，见表3-1。随着我国社团体制改革，体育社团登记管理制度从双重管理体制向直接登记管理体制转变，体育社团将迎来更大的发展机遇。

表3-1　2008—2012年体育社团累计数量　　　　　　　　　　单位：个

年份	国家级	省级	地级	县级	总数
2008年	16	1 205	6 335	14 971	22 527
2009年	41	1 314	7 726	24 654	33 735
2010年	41	1 423	7 914	19 489	28 867
2011年		1 223	9 393	20 502	31 159
2012年		1 341	10 228	23 237	34 806

（注：数据来源于《体育事业统计年鉴》2008—2012年数据）

[①] 黄亚玲. 论中国体育社团：国家与社会关系转变下的体育社团改革[D]. 北京：北京体育大学，2003.
[②] 同①.

（四）2013—2019年

2013—2015年，体育社团数量比2012年的34 806个有所下降，分别为2013年30 583个，2014年30 450个，2015年32 834个。2016年，中共中央办公厅、国务院办公厅印发的《关于改革社会组织管理制度促进社会组织健康有序发展的意见》指出，我国社会组织"在促进经济发展、繁荣社会事业、创新社会治理、扩大对外交往等方面发挥了积极作用"。要"进一步加强社会组织建设，激发社会组织活力"，在这一精神的推动下，准入门槛降低了，有的省（自治区、直辖市）对行业协会商会类、科技类、公益慈善类、城乡社区服务类等四类社会组织试行直接登记制度，各地体育社团纷纷成立，又迎来一个发展高峰期。截至2016年年底，体育社团总数达到了35 876个，比2015年增加了3 042个。以后每年都以2 500个以上的数量呈大幅度上升趋势，2017年比2016年增加2 870个，总数为38 746个，2018年比2017年增加3 060个，总数为41 806个；2019年比2018年增加2 989个，总数为44 795个，见表3-2。从这一阶段体育社团的发展数量来看，由于国家的政策导向，促进了体育社团的快速发展。

表3-2　2013—2019年体育社团累计数量　　　　　　　　　单位：个

年份	国家级	省级	地级	县级	总数
2013年	77	1 396	7 773	21 337	30 583
2014年	104	1 334	8 417	20 595	30 450
2015年	101	1 503	8 871	22 359	32 834
2016年	92	1 467	9 935	24 382	35 876
2017年	89	1 639	10 738	26 280	38 746
2018年	16	1 576	11 498	28 716	41 806
2019年		1 672	12 044	31 079	44 795

（注：数据来源于《体育事业统计年鉴》2013—2019年数据）

（五）2020—2022年

体育社团2020年比2019年增加331个，2021年比2020年减少326个，2022年比2021年增加728个，见表3-3。减少的原因多种多样，如政策和社会环境的变化、社团负责人的责任心、人员变动等。但从总的趋势来看，由于人们对科学体育健身的需求和对美好生活追求的愿望越来越强烈，体育社团正朝着健康的方向发展，数量和规模越来越大。

表3-3　2020—2022年体育社团累计数量　　　　　　　　　　　单位：个

年份	国家级	省级	地市级	县区级	总数
2020年	30	1 591	12 124	31 381	45 126
2021年	27	1 553	12 463	30 757	44 800
2022年	27	1 729	12 828	30 944	45 528

（注：数据来源于《体育事业统计年鉴》2020—2022年数据）

二、体育类民办非企业单位

根据国家统计局数据，我国自1999年开始，对民办非企业单位数量进行统计；2003年，民政部《社会服务发展统计公报》开始对民办非企业单位进行分类统计，体育类民办非企业单位是其中的一类，见表3-4。截至2013年年底，我国共有10 353个体育类民办非企业单位。从2003年进行初次统计时的2 682个，到2013年的10 353个，11年间，我国体育类民办非企业单位以每年平均增加700个左右的速度增长，其中2013年增幅最大，比上一年增加了1 863个，增幅约为22%。从整体来看，我国体育类民办非企业单位的数量增速较为稳定，以后每年都以1 000个及以上的幅度增长：2014年有1.190 1万个，比2013年增长1 548个；2015年有1.4万个，比2014年增长2 099个；2016年为1.7万个，比2015年增长3 000个；2017年有1.8万个，比2016年增长1 000个；2018年有1.998 6万个，比2017年增长1 986个。2019—2022年，民政部没有对其进行分类统计，国家体育总局数据显示：我国体育类民办非企业单位2019年有1.813 6万个，2020年有1.801 9万个，2021年有1.883 8万个，2022年有1.956 5万个。其中，2016年增加数量最多，增幅约达到了21%，其主要原因也是与国家的政策导向有关——2016年国家出台的《关于改革社会组织管理制度促进社会组织健康有序发展的意见》，刺激了体育类民办非企业单位的又一次快速发展。从以上体育类民办非企业单位和体育社团的增长数量看，国家政策支持与导向，对社会组织、体育社会组织的发展至关重要。

表3-4　我国历年体育类民办非企业单位数量　　　　　　　　　单位：个

年份	2003年	2004年	2005年	2006年	2007年	2008年	2009年	2010年	2011年	2012年	2013年	2014年	2015年	2016年	2017年	2018年
数量	2 682	3 441	4 012	4 712	5 343	5 951	6 591	7 062	7 700	8 490	10 353	11 901	14 000	17 000	18 000	19 986

（注：数据来源于历年民政部官网"民政数据统计公报"[1]）

---

[1] 民政部.民政数据统计公报. http://www.mca.gov.cn/article/sj/tjgb/[2020-12-20].

三、体育基金会

我国的体育基金会相对于其他体育社会组织来说，发展较晚，且目前整体数量不多。据基金会中心网数据，我国最早的体育基金会，是1986年成立的四川发展职工体育基金会。[①]此后，各类体育基金会相继成立。截至2013年，全国共有242个体育基金会。2013—2022年的10年间，体育基金会增幅有波动，但总的呈增长趋势。体育基金会增幅最大的是2018年，比上年增加268个，增长约83%；2021年比2020年增加530个，增幅约达90.4%，如图3-1所示。随着我国经济的快速增长，体育公益事业的不断进步，社会组织改革，传统体育社会组织登记管理制度的改变，体育基金会必将迎来新的发展机遇。

单位：个

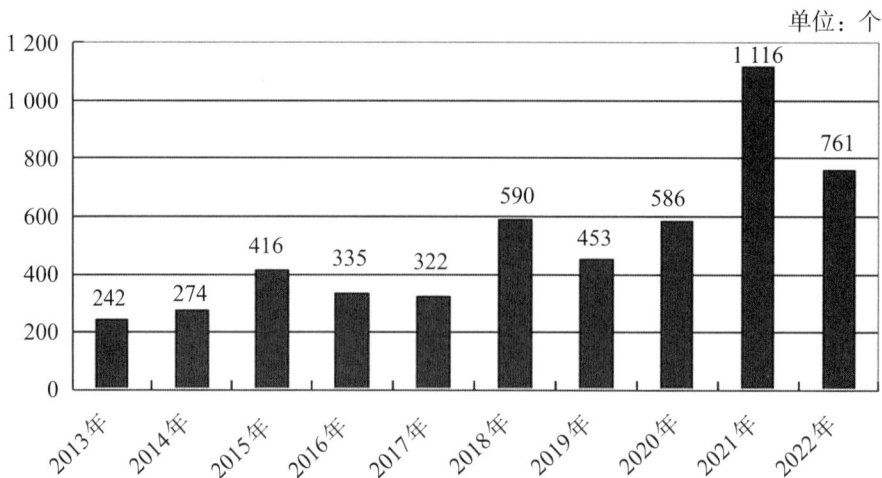

图3-1　2013—2022年体育基金会累计数量

第二节　我国体育社会组织运作模式

一、体育社团运作模式

随着我国改革的不断深入，《行业协会商会与行政机关脱钩总体方案》《关于改革社会组织管理制度促进社会组织健康有序发展的意见》等文件的出台，体育社会组织的管理和发展模式也在不断创新，当下我国体育社团的运作存在政府主导、政社合作、社团自主三种模式。

（一）政府主导模式

长期以来，我国体育社团特别是全国性体育社团主要是依托政府行政部门建立起来

① 基金会中心网. 数据中心[EB/OL]. http://www.foundationcenter.org.cn/.

的，各级体育行政部门就是其业务主管部门，如全国各级体育总会均是挂靠在各级体育局。各体育社团的机构设置基本与体育行政部门相一致，普遍存在"一个机构、两块牌子"的状况。各体育社团在项目的运作上主要依托业务主管部门，体育社团的骨干人员主要由业务主管部门人员承担，在实际工作中也多以业务主管部门的意志为活动的前提，承担部分体育行政部门的职能。因此，体育社团的实际活动效率和效果受到不同程度的影响，在投入和产出上成反比，呈现出行政化的体育社团运作模式。政府主导模式虽然在一定时期内带动了我国体育社会组织的发展，但是就长远来看，该模式无法满足人民大众多样化的体育需求，抑制我国体育社团社会化、实体化的进程，不利于我国体育社会组织的发展。

（二）政社合作模式

随着我国深化行政体制改革，政府逐步开始简政放权，政府部门由传统的管理职能向引导、服务职能转变，体育行政部门开始将部分职能交由体育社团承担。但是，由于部分体育社团组织自身能力的限制，如果完全转向社会化发展方式，体育社团将面临多方面的困境，特别是在资金来源上，大部分体育社团的资金来源较为单一，有的是依靠政府拨款资助，对政府的依赖性较大，无法实现自主发展。因此，根据体育社团改革这一困境，政府正在通过购买体育公共服务的形式对体育社团进行扶持，推动体育社团社会公共服务能力的提升。由于我国体育社团自身"造血功能"还较差，在未来较长一段时间内，政社合作模式将长期存在，通过政府的扶持有利于体育社团提升自身实力，逐步转向实现体育社团社会化、实体化。但在这种政社合作模式里，体育社团必须保持自身独立性，避免政府的行政干预；政府也应该认清自己的位置，有所为有所不为，真正实现在政社合作模式中政府和体育社团双赢的局面。

（三）社团自主模式

体育社团虽然属于非营利组织，但在实际运作中，随着同类体育社团的相继成立和发展，彼此之间也存在业务的竞争。体育社团已经认识到，要想得到更好的发展就必须要壮大自身实力，而依附于政府、资金来源上也主要依靠政府财政支持的发展形式，无法满足体育社团的发展需求，不少体育社团开始探索自主发展的模式。但体育社团无论从场地、资金、人员等各方面来看，都和理想的发展模式存在巨大的差距。因此，在实际的运作中大多数是通过与企业合作来促进自身发展，主要有以下两种形式：一是企业直接提供资金支持，满足体育社团日常活动需求（这种形式需要社团负责人的社会人脉资源）。二是与企业合作，由企业提供产品和技术支持，社团活动则以冠名等形式为企业或产品提供广告宣传。例如，登山、健身、高尔夫等项目协会，在日常工作和活动开展中，需要较为系统的体育器械和产品以及系统的培训体系才能更好地保障协会的发展，这类体育社团与企业合作较多。

二、体育类民办非企业单位运作模式

根据《体育类民办非企业单位登记审查与管理暂行办法》的规定，体育类民办非企业单位是指由企业事业单位、社会团体、其他社会力量和公民个人利用非国有资产举办的，不以营利为目的，以开展体育活动为主要内容的民办的中心、院、社、俱乐部、场馆等社会组织。体育类民办非企业单位主要从事的业务包括：一是体育健身的技术指导与服务；二是体育娱乐与休闲的技术指导、组织、服务；三是体育竞赛的表演、组织、服务；四是体育人才的培养与技术培训；五是其他体育活动。虽然体育类民办非企业单位提供的服务不具有营利性质，但在实际运作中，依然存在激烈的市场竞争，包括人才、服务及社会捐赠等方面，特别是在吸引社会、企业进行投资、捐赠或赞助时，体育类民办非企业单位的"运营情况"往往是捐赠者选择捐赠对象的关键。

体育类民办非企业单位是具有自主性的体育社会组织。因此，体育类民办非企业单位在运营过程中，要依靠自身的力量，建立完善的内部组织管理机制，以为社会提供高质量的体育服务为前提，开展不以营利为目的的经营活动，收取相应的成本费用，维持和保障其正常运营和发展。体育类民办非企业单位主要以俱乐部的形式存在，通过吸引人们加入会员进行经营活动，除组织会员进行体育健身运动外，还开展会员之间的比赛和活动，并吸引部分周边群众参与体育活动，满足社区居民的体育需求；通过不定期地举办群众性的体育活动和民间体育赛事，吸引更多的人群参与。体育类民办非企业单位虽然在运作中也收取一定的费用，但远远低于商业性体育俱乐部。部分体育类民办非企业单位，为了更好地促进自身的发展，紧跟时代的步伐，通过电视、网络、自媒体等多种形式对自身进行宣传和包装，吸引更多人群的关注，为人们提供更加方便、快捷、经济的体育服务。然而，从总体来看，由于我国体育社会组织（不含有的体育社团）受到双重管理体制的制约，在经费、场地等方面无法实现自主经营，实际运作中往往要依靠政府部门在财政和政策上的支持，对政府部门仍然具有依赖性，无法完全实现自主发展。

三、体育基金会运作模式

我国体育基金会分公募体育基金会和非公募体育基金会。体育基金会在运营模式上主要又分为两种：一种是运作型体育基金会，另一种是资助型体育基金会。这两种运营模式同时适用于公募体育基金会和非公募体育基金会。运作型体育基金会主要是由基金会直接开展与体育领域相关的公益活动，并通过募捐、投资等多种形式保障基金会的正常运行。资助型基金会则是以直接资助组织和个人的形式开展，并对资助对象进行监督和指导。简言之，运作型体育基金会是做事加给钱；资助型体育基金会并不直接做事，主要负责给钱（资金来源于政府拨款和社会捐赠），以资金为纽带和动力，推动其他社会力量行使公共体育服务的公益职能或直接资助体育弱势群体。

在实际运作中，体育基金会对体育公益活动以项目的形式进行管理，根据体育基金会的性质，不同类型的体育基金会在体育公益项目的选择上也各不相同。

公募型体育基金会筹备初期的原始资金多由政府部门直接拨款，后期享受政府财政补助，直接隶属于各级体育政府部门，是体育行政部门的延伸，其业务范围与体育行政部门相似。因此，在实际运作中，公募体育基金会在公益项目的选择上多倾向于运动项目的发展、运动员选拔和培养及运动员退役后安置等方面。根据基金会中心网数据，截至2013年年底，全国有24家公募型体育基金会，在2012年和2013年比较活跃，共涉及200个项目，其中2012年涉及项目94个，2013年涉及项目106个。多数项目以竞技体育为出发点，为培养体育后备人才、运动员保障、运动项目发展等方面提供资助。

非公募型体育基金会虽然一定程度上受到行政力量的影响，但相对较灵活，具有一定的自主性，更多地关注社会体育的发展，在项目运作时，采取由基金会直接运作和制定好项目规划委托第三方公益机构完成两种方式。根据基金会中心网数据[1]，截至2023年年底，全国有17家非公募型体育基金会，在2012年和2013年共涉及56个体育公益项目，其中2012年涉及22个公益项目，2013年涉及34个公益项目。非公募型体育基金会开展的项目中主要以支持群众体育活动和体育赛事为主。

自2014年开始，体育基金会项目发展很好。根据基金会中心网数据[2]，2009—2017年公募型体育基金会共开展的公益项目数为1 697个，9年共计项目收入20.8亿元，项目支出30亿元。其中，涉及体育活动领域的项目覆盖类型包括体育活动、体育设施建设、体育人才培养和运动员支持等。

第三节　我国体育社会组织管理体制

一、登记管理制度

1949年后，政府对民间体育社会组织进行了规范，成立了体育社会组织。特别是体育社团，多以国家机关牵头；体育类民办非企业单位和体育基金会相对于体育社团发展较晚，但在管理体制上存在一致性。1998年国务院颁布的《社会团体登记管理条例》《民办非企业单位登记管理暂行条例》和2004年国务院颁布的《基金会管理条例》

---

[1] 基金会中心网. 数据中心[EB/OL]. http://www.foundationcenter.org.cn/.
[2] 同①.

都明确指出："国务院民政部门和县级以上地方各级人民政府民政部门是登记管理机关。国务院有关部门和县级以上地方各级人民政府有关部门、国务院或者县级以上地方各级人民政府授权的组织，是有关行业、学科或者业务范围内社会团体的业务主管单位。"体育社会组织的成立必须经过业务主管部门的同意，才能向登记管理机关申请。登记管理机关和业务主管部门都承担部分监管职能，但在实际的监管中，容易形成监管职责不清的状况。这种"自上而下"的体育社会组织管理体制，使我国体育社会组织"同构"现象比较严重，体育社会组织在成立过程中被纳入政府行政体系，从国家级到省（自治区、直辖市）级、地（市、州）级、县级大多依附于体育部门。例如，各省（自治区、直辖市）、地（市、州）及县级体育总会之间形成纵向联系，并与各级体育行政部门联系紧密，"一个机构、两块牌子"是其显著的特点。

在我国行政管理体制改革的大背景下，我国体育社会组织正处于逐步由双重管理体制向政社结合管理转变的过渡阶段，体育社会组织新旧管理体制并存的状态将持续一段时间。2011年，民政部开始对部分社会组织实行直接登记制度。2012年，广东省委、省政府制定了《关于进一步培育发展和规范管理社会组织的方案》，首先从省级层面放宽对社会组织的登记管理，文件中明确表示，自2012年7月1日起，社会组织的业务主管部门改为业务指导部门，简化登记制度，由民政部门直接审查登记，推进社会组织民间化、自治化、市场化进程。党的十八届二中全会审议通过了《国务院机构改革和职能转变方案》，并提交第十二届全国人民代表大会第一次会议审议通过。《国务院办公厅关于实施〈国务院机构改革和职能转变方案〉任务分工的通知》（国办发〔2013〕22号）明确指出："对行业协会商会类、科技类、公益慈善类、城乡社区服务类社会组织实行民政部门直接登记制度，依法加强登记审查和监督管理。"随后，各省（自治区、直辖市）陆续发布了关于开展以上四类社会组织直接登记的通知，登记工作逐步由原来的业务主管部门审批向直接到民政部门依法申请登记转变。我国体育社团、体育类民办非企业单位和体育基金会属于向民政部门直接登记的四类社会组织范围内。

目前，少数一些省（自治区、直辖市）对体育社会组织或体育社会组织中的某一类实行直接登记制度。例如，安徽省制定了《安徽省体育类民办非企业单位直接登记管理暂行办法》（民管字〔2013〕130号），要求"对新成立的体育类民办非企业单位实行直接登记；对登记管理制度改革前登记的体育类民办非企业单位实行逐步过渡"。天津市《关于体育类社会组织登记工作有关问题的通知》（津民发〔2014〕98号），规定"对体育类民办非企业单位和基金会的设立申请试行直接登记制度"，但"体育类社会团体的设立仍然按照《社会团体登记管理条例》的规定，经市和区、县体育局审查同意后向登记管理机关申请登记"。2016年8月，中共中央办公厅、国务院办公厅印发的《关于改革社会组织管理制度促进社会组织健康有序发展的意见》指出："稳妥推进直接登记。

重点培育、优先发展行业协会商会类、科技类、公益慈善类、城乡社区服务类社会组织。"进一步明确这四类社会组织可以直接登记，对我国体育社会组织的发展起到了很大的推动作用。2020年8月，四川省出台的《四川省行业协会商会类科技类公益慈善类城乡社区服务类体育类社会组织直接登记管理办法》（川民发〔2020〕91号）指出："体育社会组织的成立，直接向各级社会组织登记机关申请登记。"甘肃省、上海市、海南省分别制定出《甘肃省四类社会组织直接登记管理办法》（甘民发〔2017〕87号）、《上海市社会组织直接登记管理若干规定》（沪民规〔2019〕3号）、《海南省四类社会组织直接登记管理办法》（琼民规〔2020〕3号）等文件。

二、行政化管理向引导服务型管理转变

从体育社会组织发展的历程上看，在较长时间内体育社会组织主要以行政化的管理模式为主，政府将体育社会组织尤其是体育社团纳入政府相关职能部门或者事业单位，采取"一个机构、两块牌子"的组织方式，体育社会组织的工作人员基本来自体育系统内部。因此，体育社会组织在实际的管理中就不可避免地走向行政化管理的道路，体育社会组织的社会服务职能被明显削弱，体育社会组织变成了体育系统的部分职能组织，而失去了体育社会组织本身服务于社会的本质属性。

我国体育社会组织的发展往往受国家管理体制的影响，国家行政管理体制的转变对我国体育社会组织改革和发展具有重要的推动作用。党的十八大后，我国政府加快转变政府职能，着力建设服务型政府，政府对体育社会组织的管理逐步向引导、服务型转变。体育行政部门逐步简政放权，深入推进管办分离，培育、支持部分优秀的体育社会组织，以政府购买社会组织服务的方式，推动体育社会组织参与公共体育服务并获得资金支持，鼓励体育社会组织的发展。通过政府转变职能，简政放权，体育社会组织将拥有更高的自主性、灵活性，可以加快体育社会组织的社会化、市场化进程，刺激各个体育社会组织不断提升自身业务能力，促进体育社会组织不断发展壮大。

第四节　我国体育社会组织发展中存在的主要问题

一、体育社会组织承接政府职能转移能力不足

根据民政部[①]和国家体育总局[②]统计数据，截至2022年年底，全国共有社会组织89.1万个，其中体育社会组织6.5854万个，仅约占全国社会组织总量的7.39%。体育社

① 民政部. 2022年民政事业发展统计公报[OL]. https://www. mca. gov. cn/n156/n2679/c1662004999979995221/attr/306352. pdf[2023-10-13].
② 国家体育总局. 体育事业统计年鉴（2022数据）[Z].

会组织整体数量较少，尚无法满足我国居民日益增长的体育健身活动和体育公共服务需求。体育社会组织仍然是为部分人服务的组织，没有达到体育社会组织本身应具备的社会功能和应该发挥的作用。

从体育社会组织本身来说，个别体育社会组织自身能力较弱，组织机构不完善，有的存在无办公场所、无人员配备、无经费来源的"三无"现象。有的体育社团会员不足，据调查，相当一部分体育社团在成立时，会员数量就没有达到《社会团体登记管理条例》所要求的"有50个以上的个人会员或者30个以上的单位会员；个人会员、单位会员混合组成的，会员总数不得少于50个"的标准。部分体育社会组织甚至处于长期停滞状态，很少举办相关活动。虽然近年来我国政府大力扶持体育社会组织的发展，逐步转变体育社会组织管理方式，通过政府购买服务等手段，将原本由政府体育部门承办的活动和项目交由有能力的体育社团承办。但是，由于大多数体育社会组织自身的社会服务能力不足，无法有效承担政府转移的公共体育服务职能。

二、登记管理体制仍处于双重管理状态

虽然我国自2011年就开始逐步进行社会组织登记制度改革，然而，全国部分省（自治区、直辖市）仍然采取之前的登记管理制度，部分省（自治区、直辖市）制定了体育社会组织直接登记管理的规范性文件。因此，当前我国体育社会组织管理制度仍处于双重管理登记和直接登记并存的状态。

我国体育社会组织相关法规仍然是以《社会团体登记管理条例》（1998年制定，2016年修订）、《体育类民办非企业单位登记审查与管理暂行办法》（2000年）、《基金会管理条例》（2004年）三个法规条例为主。随着国家建设服务型政府的要求，国家逐渐放宽对社会组织的登记管理制度，《国务院办公厅关于实施〈国务院机构改革和职能转变方案〉任务分工的通知》（国办发〔2013〕22号）中明确指出，要"对行业协会商会类、科技类、公益慈善类、城乡社区服务类社会组织实行由民政部门直接登记"。2016年，中共中央办公厅、国务院办公厅印发了《关于改革社会组织管理制度促进社会组织健康有序发展的意见》，进一步明确这四类社会组织可以直接登记，对我国社会组织的发展起到了很大的推动作用。但就体育社会组织而言，全国除四川、上海、甘肃、海南等形成了规范性文件，广东、安徽、天津等对某一级或某一类体育社会组织实行直接登记，其他一些省（自治区、直辖市）依旧沿用之前的关于社会组织的相关法规和条例，无法满足体育社会组织发展的需要，不符合当前国家改革政策的走向。因此，需要及时对相关法规和条例进行重新制定，或修改完善。

三、体育社会组织之间联系缺失

我国体育社会组织在层级划分上，往往以行政区划为标准，在实际运作中，主要依

赖于本级政府相关部门。由于社会资源和国家政策环境的限制，地方各级体育社会组织之间横向联系受到极大的影响。省（自治区、直辖市）的体育社团与其他体育社团基本没有联系，与体育基金会、体育类民办非企业单位没有联系，尤其是县（区）、镇（乡）的体育社会组织更是如此。有的体育协会也只是在联合举办赛事中有一些合作。首先，具有影响力的体育社会组织内部从业人员的构成，基本上与国家事业单位相似，甚至有的体育社会组织被纳入体育行政体制，强化了体育社会组织与本级业务主管单位的联系。然而，由于各级体育社会组织之间联系较少，导致体育社会组织的整体性被削弱，相互之间没有交流、信息不畅，影响了相互学习、取长补短、协调发展，不利于形成合力，实现共同进步。其次，我国体育社会组织会员制发展不足，组织和会员之间联系较少，有的与会员脱离，基本依靠少数成员维持组织日常运行。因此，无论从横向还是纵向的角度来看，体育社会组织都缺少完善的联系机制。特别是横向的角度联系，有的组织基本没有，导致各体育社会组织只是单独的主体，而不是一个整体组成。因此，我国各级各类体育社会组织之间建立适当的联系机制是非常重要的。

当然，由于区域不同，也有发展不平衡的问题。例如，江苏、福建等省正在着力纠正体育社会组织之间缺失联系的问题，2020年福建省制定出台了《福建省关于促进体育社会组织健康发展的若干措施》，着力解决基层体育社会组织管理不到位、作用发挥不明显、发展活力不足、交流互促不够等问题。截至2021年，江苏省完成了64家省属体育社团脱钩改革工作任务，制定出台了《进一步加强体育社会组织建设的指导意见》《推进省属体育社团分类改革的实施意见》《进一步深化省属体育社团分类改革的实施意见》（2020—2022年）等文件，以促进体育社会组织之间加强交流联系，激发体育社会组织活力，助力高质量发展。

四、仍存在"政社不分、管办不离"情况

近年来，国家深化行政体制改革，强调要不断促进行政体制改革，建设服务型政府，并从国家层面制定了一些关于促进政社分离的政策措施。但在实际运作中，各级政府业务主管部门，基于自身利益需求，不能完全简政放权，体育社会组织的发展仍然受制于行政管理，虽然中共中央办公厅、国务院办公厅下达了《关于党政机关领导干部不兼任社会团体领导职务的通知》（中办发〔1998〕17号），但是，文件中又规定，因特殊情况确须担任社会团体领导职务的，按干部管理权限进行审查批准可以兼任相关职务。各级政府为保障自身发展和掌控体育社会组织，在实际操作中，政府或事业单位工作人员，通常以"特殊情况"需要，担任体育社会组织的相关负责人，"一个机构、两块牌子"的现状仍然存在。一些体育社会组织在成立时由于自身条件限制，通常也会主

动向政府靠拢，邀请政府领导担任相关职务，为后续活动和发展做铺垫。因此，此类体育社会组织对政府部门依赖性大，未准确定位自己与政府行政部门的关系，其发展主要依赖政府资金补助，若完全去行政化，此类体育社会组织的发展将受到限制。基于各方面的原因，就目前来说，体育社会组织依然无法完全实现政社分开、管办分离，"去行政化"难以实现。

第五节　其他国家体育社会组织发展现状

一、其他国家体育社会组织发展的异同及特点趋势

美国、英国、德国、日本等国家，人们的健身意识强，国家、民众都非常重视体育活动，体育健身是人们日常生活中的一部分。同时他们的经济实力足以负担体育健身活动所需，有较高的健身需求，愿意加入体育社会组织，参加适合自己的体育健身活动，享受相应的体育服务。因此，各种体育社会组织应运而生，人均拥有体育组织数量见表3-5。

表3-5　美国、英国、德国、日本等国家的体育社会组织数量的对比

国家	美国	英国	德国	日本
体育社会组织数量(单位:万)	3.886 4	15.000 0	8.959 4	37.800 0
总人口数(单位:万)	33 000	6 643	8 315	12 616
每万人拥有数(单位:个/万人)	1.18	22.58	10.77	29.96

(注：数据截至2019年)

美国、英国、德国、日本等国家的体育社会组织的发展各具特色，具体如下。

（一）美国体育社会组织

美国体育社会组织是在政府帮助下建立的具有独立法人资格的民间组织。政府为体育社会组织的发展提供制度保障和部分资金援助。体育社会组织实行自主自治，自主发展，社会成员监督，这与我国的体育社会组织体制机制基本相同。

美国的体育社会组织结构多样化，成立门槛低，只需在当地政府注册即可。政府没有专门设立体育主管部门负责体育的全面协调组织工作，只是对特殊体育相关计划提供相应补贴[①]。美国国会颁布的《业余体育法》明确规定："政府不介入竞技体育管理，但

---

① 赵煊民.美中非营利体育组织比较研究:从BGCA看中国青少年体育俱乐部[D].北京:北京体育大学,2011.

在大众体育方面有着重要的咨询、资助、协调作用。"例如，美国总统健康与体育委员会是一个政府机构，但它是促进大众体育发展的一个咨询机构，在竞技体育的组织上或筹资上不起作用。美国的学校体育由全国中（大）学生体育联合会进行管理，全国性的大学生体育由三个大学生体育联合会负责组织管理，即：大学生体育联合会、初级大学生体育联合会、大学间的体育联合会。此外，还有很多地方性或者全国性的单项运动和多项运动组织活跃在美国各地，它们独立管理，自主运营，共同推动着美国体育的发展。

（二）英国体育社会组织

英国在不同的社会发展阶段制定不同的体育发展战略，现在已经建立起一个政府、学校、社团与社区多方合作的公共体育服务体系。从1997年起，英国体育发展模式从行政主导型向"政–社"合作型模式转变，大量的执行性事务交给体育社会组织来完成，促进了体育社会组织的蓬勃发展，这与我国的体育社会组织发展趋势相同。

英国体育社会组织尤其是大众性的体育社会组织，仍然是以体育俱乐部为主。志愿者是维持体育俱乐部正常运行的主要力量，政府出台相关政策，对志愿者的招募、培训、管理、奖励给予指导。英国体育社会组织的经费来源于会费收入、各级政府投入资金、基金会资金、公共机构资助、体育博彩业提成、个人捐助、体育赞助、企业捐款等。1996年以来，英国体育理事会还设立了专项资助经费，每年重点支持那些深受群众喜爱、有着广泛群众基础的体育项目。英国体育俱乐部主要依靠体育志愿者运转，是体育志愿者最集中的活动场所。

（三）德国体育社会组织

德国体育社会组织独立自主、自我负责。德国没有专门的政府部门来管理体育运动和制定体育政策，而是把体育管理的任务和权力交给了体育社会组织。德国宪法准许体育俱乐部和体育联合会享有组织上的自治，从法律上保证了体育社会组织的高度自治。德国政府对体育的拨款保持着优惠政策，不仅向体育社会组织直接提供资金支持，而且还通过多种渠道、制定各种政策为体育社会组织开展体育活动提供方便。例如，体育俱乐部和体育联合会可以以较低的价格使用体育场地或者免费使用体育场地，向体育俱乐部和体育协会捐赠的捐赠者可以要求减免个人所得税等[1]。

（四）日本体育社会组织

日本体育社会组织可分为三类：政府体育管理机构、体育社会团体、体育民间组织。

---

[1] 虞荣娟. 中美德日大众体育比较研究[J]. 体育文化导刊,2010(04):40-44.

1. 政府体育管理机构

日本的政府体育管理机构又分为三级：文部省体育厅，都、道、府、县教育委员会保健体育科，市、区、町、村教育委员会保健体育科。

文部省体育厅是日本最高的体育管理部门，负责制定、审批竞技体育、大众体育等所有与体育有关的国家政策和规定，组织全国性的大型体育活动，如全国大众体育研讨会、体育指导员最高会议、国民体育大会及全国体育娱乐节等。

2. 体育社会团体

日本体育协会是日本大众体育事务的国际代表，是日本级别最高、最具权威性的大众体育社会团体。日本体育协会受日本文部省的领导，直接承担和实施文部省的大量具体工作，如培养体育指导员、开展体育研究以及举办体育节等。

学生体育联合会是日本体育社会团体中很重要的组织，包括各单项学生体育联合会、初中生体育联合会、高中生体育联合会等。

3. 体育民间组织

随着日本经济的发展，日本大众体育的蓬勃开展，各类企业不断进军体育市场，它们建设体育设施，提供体育相关服务，建立体育组织。这些体育民间组织大都是以营利为目的，通过收取使用者的会费等方式获取收入。它们具有很强的组织力和号召力，对地区性社会体育活动的开展起着宣传、组织、协调作用，使该地区体育活动的开展有序性、整体性、地方性，促进了日本大众体育的发展[①]。日本现有大约 1 741 个市、区、町、村，其中77%已经至少拥有一个社区体育俱乐部。99%的公立学校均对外开放体育设施，中小学的体育场馆成为很多体育俱乐部开展活动的主要场所[②]。有的综合型体育俱乐部还被指定为体育公共设施的管理者。日本体育社会组织的管理模式与我国有相似的地方，如利用民间资本建设体育设施、学校体育设施向社会开放度高等。

二、借鉴国际经验：推动中国体育社会组织改革与发展的策略与启示

从美国、英国、德国、日本等国家的体育社会组织发展情况，经分析梳理，可以得到以下有益借鉴与启示，为我国体育社会组织的改革发展提供学习和参考。

（1）大众强烈的健身意识、踊跃参与体育健身活动的积极性，促进了体育社会组织的发展。体育社会组织的发展又促进了群众体育健身活动的开展，从而带动体育娱乐活动、体育赛事的开展，引导人们体育健身需求和体育健身的发展方向，为大众提供了更好、更全面、更便捷的体育公共服务。

---

① 杨斌. 中日两国大众体育发展的比较研究[D]. 重庆:西南师范大学,2005.
② 侯海波. 日本推动大众体育运动发展的几点启示[OL]. 中国体育资讯网,2014-8-28.

（2）连续性、承继性的体育政策和法律法规，支撑和保障了体育社会组织的持续发展。健全完善的体育政策、法律法规，使社区体育建设与规划有法可依，保障了体育社会组织在政府和市场配置的引领下健康有序地发展，完善自身组织建设机制，为民众提供更高质量的体育服务。

（3）体育场馆设施开放度高，带动了大众体育活动的开展，满足大众体育健身活动需求，方便和促进了体育社会组织对体育活动的组织与开展。例如，体育社会组织可以让社区居民免费或者低价使用固定的体育活动场所，广泛地开展形式多样、内容丰富、生动活泼的各种体育活动，社会体育资源在社区内实现了很高的利用率。

（4）以"赛事引领+支持社区"模式或项目为导向，鼓励体育社会组织参与公共体育事务管理，建立政府向体育社会组织购买体育公共服务的长效机制，引导和支持体育社会组织健康发展，促进了政府与体育社会组织的广泛合作，形成了政府与体育社会组织相互依存、平等合作、协同发展的模式。

（5）体育社会组织社会化程度高，成立的门槛低。大众体育的开展主要是依赖于社会各界的力量，这些力量汇集起来，催生了各种不同的体育社会组织。尤其是社区体育俱乐部，它们数量众多，参与人数广泛，在推动大众体育健身活动中发挥了重要的、不可替代的作用。各类体育社会组织在开展大众体育活动的同时，在经济上也有所收益，形成一种取之于民、用之于民的良性循环。这些国家群众体育组织的发展历史，为我们提供了这样一条思路：体育社会组织就是要面向社会，面向人民大众，由大众参与、为大众服务，最终让大众受益。

（6）美国、英国、德国、日本等国家，都有一个共同的特点，就是民众志愿服务意识强，体育志愿者队伍庞大。体育志愿者和社区体育指导员积极介入，协助体育协会、体育俱乐部等体育社会组织向民众提供各种体育健身运动机会和高质量的服务，以满足人们体育健身活动的需求，提高运动能力，增强运动兴趣，最终使体育活动成为人们生活中的一部分。

（7）大众体育促进体育产业的发展。在美国、英国、德国、日本等国家，也有一些以营利为主的体育俱乐部，体育俱乐部赋予了大众体育活动极强的生命力，这些体育俱乐部的大小规模不等，分布广泛。在美国、英国、德国、日本等国家，通过体育活动增强身体素质的观念深入人心，许多人自愿加入"花钱买健康"的行列。人们重视健康生活，积极加入各种体育健身俱乐部、体育协会，参与各项体育健身活动，又推动了体育用品制造业、销售业，体育服务业等相关体育产业的快速发展。

（8）体育社会组织的发展促进了竞技体育水平的提高。一些欧美国家，没有明显的大众体育与竞技体育之分，他们将组织和资助竞技体育的责任划归非政府的体育社会组织，如一些职业俱乐部、职业球队、学校等。国家体育部门仅仅负责集中和组织队伍参加奥运会。地方和全国体育组织可适当承担、负责部分运动项目训练计划的制定和实施。各单项体育社会组织（协会）要想更好地生存和发展，就必须不断提高运动队的运动技术水平和可观赏水平，不断研究单项体育项目的技战术发展。因此，体育社会组织的发展有力地促进了体育竞技项目的发展和竞技体育水平的提高，各项体育竞技项目的发展和竞技体育水平的提高又提升了体育社会组织的社会知名度和影响力，它们互相促进，相得益彰。

（9）体育社会组织的发展能为社会提供就业岗位。美国、英国、德国、日本等国家，每成立一个体育社会组织，都会吸纳一定数量的社会人员参与工作，除了聘请正式工作人员以外，还会招募志愿者。招募的成人体育志愿者在体育俱乐部服务能获得一定的经济补助。因此，每一个体育社会组织的成立，都解决了一部分人的就业问题，这是非常值得我们学习的。当前，我国提出了大众创业、万众创新的部署，随着我国体育社会组织的发展，也应该为解决人们的就业、创业问题，起到积极的推动作用，为国家、社会、民众分忧解难。

第四章　建立健全体育社会组织评估体系与治理机制

目前，我国体育社会组织主要包括体育社团、体育类民办非企业单位、体育基金会等三大类。尽管体育社会组织都是公益性的非营利性组织，但每一类都有其开展活动的侧重点和一些不同的情况，有其特殊性。因此，在构建评估指标体系和治理机制时也要根据三大类体育社会组织的不同特点，体现区别，以便更好地促进体育社会组织的发展。下面我们将分别探讨三大类体育社会组织治理机制和评估体系构建问题。

第一节　建立新的治理机制及评估体系的理论支撑

一　治理机制

（一）治理与治理机制

治理是指政治成就和政务治理。"治理"一词在我国最早出自《荀子·君道》："明分职，序事业，材技官能，莫不治理，则公道达而私门塞矣，公义明而私事息矣。"在《辞海》中，"治"具有"治理；管理""有秩序；安定"的含义，"理"具有"条理、准则或规律"的含义。两字合为一词则有"统治；管理"之意。在《汉英大字典》中具有"治理"含义的单词有"govern、manage、administer"。但更多地使用"govern"，其初衷是控制、引导和操纵，是指在一定范围内行使权力。

"治理"这一概念具有多种表述，全球治理委员会（the Commission on Global Governance）在1995年《我们的全球伙伴关系》（*Our Global Neighborhood*）将"治理"定义为"治理是个人和机构通过公共或私人方式管理同一业务多种方式的总和。它使互相冲突的不同利益得以调和并且采取联合行动思维持续的过程。这既包括有权使人们服从的正式制度和规则，也保留各种人们同意或以为符合其利益的非正式的制度安排"。

"治理"与"管理"，虽一字之差，内涵却明显不同。"治理"要求横向的公众参与决策及其实施过程；"管理"主要强调自上而下，纵向的政府管理。党的十八届三中全会要求创新社会治理体制，将"创新社会管理"转变为"创新社会治理"。社会治理覆盖四要素：谁治理、治什么、如何治理、治理的依据。"谁治理"明确治理主体；"治什么"回答治理目标对象；"如何治理"涵盖治理方式或手段；"治理依据"解决凭什么进行社会治理问题，包括法律、行政、文化、制度及人力、物力、网络、国家机器等方面的内容。①党的十九大报告将社会治理表述为"党委领导，政府负责，民主协商，社会协同，公众参与，法治保障，科技支撑"，这既是我国建立社会治理体制创新发展的目标，也为我国体育社会组织在社会转型时期应对社会经济发展和社会治理指出了目标与方向。2013年11月15日，《中共中央关于全面深化改革若干重大问题的决定》指出："正确处理政府和社会关系，加快实施政社分开，推动社会组织明确权责、依法自治、发挥作用。适合由社会组织提供的公共服务和解决的事项，交由社会组织承担。"因此，社会组织、体育社会组织在我国"创新社会治理"中将起到纽带作用。

"机制"最早起源于希腊文，指代的是机器之间的运行运作，表明了机器的构造原理。将"机制"一词放置在不同的领域、不同的背景中，含义不同。在社会学中，机制的定义为"在事物的各个部分存在的前提下，事物用以协调各个部分之间的关系，发挥更好的作用的具体运作方式"。首先，事物是先决条件，事物在操作的相互作用下产生矛盾，用来协调解决事物之间的矛盾。其次，在事物组成的这个小整体中，优化调整事物结构使事物运作更为高效流畅。

因此，从社会学意义上说，"治理机制"是指在社会个人和机构存在的前提下，协调它们之间的冲突和不同利益之间的关系，使其发挥更好作用的具体运作方式。具体来讲，"治理机制"包括四个方面：①责权分明的激励机制；②相互制衡的监督机制；③有效预防和化解矛盾的法律制度保障机制；④与社会发展相适应的评价方式及管理机制。

（二）治理理论

治理是人类社会特有的活动，从社会学角度讲，有国家治理、社会治理、市场治理、组织治理等。当前，随着社会民间力量的不断发展，社会组织在社会上的影响力日趋增强，在公共生活、市场经济占据重要地位。专家学者开始重视社会组织这一不属于政府和市场的第三方部门，对之前政府主导或市场主导的社会结构进行了思索与探究，提出了重建政府、市场和社会组织之间的关系。治理理论则为重建政府、市场和社会组织之间的关系提供了可能性，为政府部门的公共行政提供了新的视角。同样，也可作为构建体育社会组织治理理论的基础和参考。

1. 多中心治理理论

多中心治理理论由美国多制度分析学派代表，著名政治学家埃莉诺·奥斯特罗姆（Elinor Ostrom）提出，并在21世纪初引入我国，受到我国社会学家的广泛关注。多中

---

① 周宏春. 绿色消费的社会治理体系研究[J]. 中国环境管理,2020(01):31-36.

心治理理论主张在公共资源池塘理论上建立多中心治理制度，即在社会公共事务的管理过程中，并非只有一个主体，而是存在包括中央政府、地方政府、政府派生实体、非政府组织、私人机构以及公民个人在内的许多决策中心，它们在一定的约束下，以多种形式共同行使主体权利。多中心治理理论主张建立一个多中心治理系统来管理公共资源。单一中心意味着政府作为唯一主体进行社会公共事务的独家管理；多中心意味着在社会公共事务管理中，政府不是唯一主体，而是许多决策中心，包括中央政府单位、地方政府单位、政府衍生实体、非政府组织、私人机构和公民个人，它们在一定规则下以各种形式共同行使主权。这种多元化、多方法的公共事务管理就是多中心体制。①

多中心治理理论要求各国政府和社会、政府和市场、政府和公民参与公共事务领域，形成合作、磋商的伙伴关系，形成一个上下交互、双向或多维的管理过程。就体制改革和创新而言，这是适应全球化、市场化趋势的要求。借助多种力量的帮助，在国家公共事务、社会公共事务，甚至政府部门内部事务的管理中共同担责。既有事务管理，也有对人和组织的管理；既有对眼前事务的管理，也有对长远事务的管理。多中心治理理论的特殊之处在于通过思考什么样的管理来实现最大的公共利益，是一种新的理论思维方式。②

多中心治理理论的核心可以概括为一个词：因地制宜。多中心治理理论主张利用制度安排的多样性，对事务进行分层、分级、分段，倡导政府、市场和社会之间的协调合作。第一，多中心治理理论的主体不仅仅是政府，还包括一些经认证的社会集体、企业组织、非营利性组织等。③多中心治理理论的参与主体具有复合型特征，其中包括政府、市场、社区、社会组织、社会公众、非营利组织等，多样的治理主体打破以往政府单中心治理的绝对权威，各类主体自由地参与社会治理可有效提高公共事务治理与公共物品供给的质量和效率。④决策过程是围绕特定公共问题形成灵活多样的集体行动组合。最终目标是以高绩效解决公共问题。第二，多中心治理理论的基本策略：公民参与和社群自治。第三，多中心治理的过程：多中心治理模式的多决策机构通过治理行动中的冲突、对话、谈判和妥协达成多重利益的平衡和整合。第四，政府在多中心治理中的作用和制度安排：政府治理战略和工具的选择应适应现代治理模式的方向。⑤

从治理结构来说，多中心治理理论提倡将决策权力由政府下放至地方，交由地方民间自发组成的社会组织自治，在治理的过程中因地制宜，具有针对性地解决当地社会问

① 俞可平. 治理与善治[M]. 北京：社会科学文献出版社,2000.
② 陈广胜. 走向善治：中国地方政府的模式创新[M]. 杭州：浙江大学出版社,2007.
③ 徐飞,杨凤,张鑫. 基于多中心治理理论的辽宁省食品安全规制治理路径重构[J]. 消费导刊,2017,(13):15-16.
④ 刘昱君. 河南省政府购买公共服务问题研究：基于多中心治理理论的分析[D]. 南宁：南宁师范大学,2019.
⑤ 孙柏英. 当代地方治理：面向21世纪的挑战[M]. 北京：中国人民大学出版社,2004.

题。这与我国政府简政放权，提出"小政府，大社会"的发展路径有诸多相似之处。将政府职能部分转移给社会组织机构，有利于为人民群众更好地提供公共服务产品，增加社会就业机会，在体育社会服务上进一步优化专业性与业务能力。但与中国特色社会主义发展道路相悖的同样也是权责转移问题，我国政府简政放权，大力发展体育社会组织的目的是在公共体育产品服务方面上，为政府培养扶持可靠助力。埃莉诺·奥斯特罗姆提出的多中心治理理论则是将治理决策权一并转移至地方社会组织，这个定位与我国治理机制中的层层监管、权责明晰特点相冲突。

从多中心治理理论的基本策略来说，埃莉诺·奥斯特罗姆提倡公民参与社群自治。这对我国体育社会组织面向人民群众、接受政府监督、明晰自身社会定位有一定借鉴作用。未来的体育社会组织必定是公开化、透明化的运行模式，给予人民群众查询、质疑、参与体育社会组织内部治理的部分权利。只有全民参与，主动向社会公开体育社会组织业务运行情况，才能取得政府和人民群众的信赖。

多中心治理理论的治理过程是多元决策主体在治理行动中通过多种沟通方式进行协商，对各方资源及利益的整合。在我国现实国情下，体育社会组织成为决策主体的可能性并不高。我国是自上而下高度集中的社会治理模式，国土辽阔、民族多样化、贫富差距自东向西依次递增呈阶梯状分布、复杂的地理环境以及人民利益高于一切的指导思想决定了体育社会组织将是政府决策的有力执行者。多种方式的沟通协商、权衡多方利益必定影响我国体育社会组织为社会提供公共服务的效率与质量。因此，多中心治理理论的治理过程并不适用于我国的社会环境和现实国情。

最后，多中心治理理论的政府角色与制度安排，提倡政府治理策略与工具向现代化治理模式转变，依据公共服务的不同性质来决定。这是我国政府与体育社会组织共同的发展理念，政府在对体育社会组织治理过程中，要根据不同体育社会组织制定具有指导性和人性化的政策法规，体育社团、体育类民办非企业单位、体育基金会虽同属体育社会组织，但它们各自也有着特殊性，政府如何为这三类体育社会组织量体裁衣，营造适合它们各自发展的配套政策法规，是值得深入研究的方向。面对社会大环境的改变，体育社会组织也要结合自身特点和服务人群，进行有针对性的宣传活动，提升自己的业务能力，了解国家政府所需，了解人民群众所需，才能抓住群众及政府提供的发展契机，使体育社会组织能更好地为自身服务、为社会服务。

2. 公共治理理论

公共治理理论是国际社会科学中最具影响力的管理理论之一，多位管理学学者对公共治理理论提出了自己的认识和解读。

公共治理理论主要是围绕着各组织之间的平等合作关系展开的，包括以下几个部分：一是多个公共管理实体组成的公共行动体系；二是公共治理主体责任的模糊性；三是主体间权利的相互性和依赖性。公共治理理论引入我国已有20多年的历史，在学术界引起了极大的争议。质疑公共治理理论的学者认为，公共治理理论不适用于我国治理环境，我国自上而下的中央集权行政管理方式与多元化治理和公共治理理论存在冲突；支持公共治理理论的学者则认为，公共治理理论的治理模式能给我国治理现状带来更多的可能性，促进我国政府转型发展，带来一定的积极意义。

3. 失灵理论

在治理相关理论中，失灵理论也被管理学者广泛关注。失灵理论分为市场失灵理论和政府失灵理论，均表示市场或政府在社会治理环境中，在某些领域或现象中不能发挥应有作用，从而导致资源浪费的低效状态。

市场失灵理论，首先由美国经济学家弗朗西斯·M.巴托（Francis M. Barto）在20世纪50年代的"市场失灵分析"中提出。市场失灵的出现主要有两个原因：一是市场功能的缺陷，公共物品的存在是弥补市场不愿意生产的产品，具有非排他性，容易出现公共资源不足或过剩的情况；二是市场环境不佳，存在信息不对称等问题。

相较于市场失灵理论的提出时间而言，政府失灵理论更晚一些被西方管理学者提出，西方管理学者发现政府在对于社会、市场进行一系列干预的情况下，同样出现未达到预期效果的情况。一般来说，在市场无法调节其经济发展的过程即在市场失灵时，政府会克服市场失灵而对市场经济、社会生活等进行一系列干预，使市场恢复应有秩序。但是政府不是万能的，市场经济的多变性以及政府干预的局限性和其他客观因素都会导致政府在弥补市场经济的过程中出现事倍功半的效果，导致一系列衍生问题，实施效果与理论效果产生偏差，使得社会福利流失，社会经济逐渐走向低迷状态[1]，这就是政府失灵现象。

二、评估体系

评估体系是指由表征评估对象各方面特性及其相互联系的多个指标所构成的，具有内在结构的有机整体。[2]评估体系是包括评估理论、评估原则、评估指标、评估方法、评估主体等一系列内容和程序的总称。评估是治理的基础，通过评估才能把握具体情况，产生有针对性的治理办法，通过评估，优胜劣汰。所以，评估也是一种治理，是治理的一种方式、一种手段。那么，评估标准设定和评估指标体系构建就非常重要，必不可少。同时，评估指标要具有通用性、普适性、导向性等特征和目的。

① 李谨，张坤.公共事业管理中心政府失灵现象研究[J].劳动保障世界，2016(07):169-171.
② 徐红，陈承.构建与实施高校科研评价体系研究[M].武汉：华中师范大学出版社，2019.

（一）体育社会组织评估的意义及作用

当前，随着我国经济社会的发展、全民健身活动的深入开展，体育社会组织数量不断增长，社会影响力也日益凸显，在政府、社会以及公众中的地位不断提升。但值得深思的是，体育社会组织内部自身的科学性、合理性以及运行中暴露出来的一些问题，在某种程度上急切需要对体育社会组织工作进行评估。因此，构建一套较为完整的、科学合理的体育社会组织评估指标体系，"以评促建，以评促范，以评促改"，能够更好地激励体育社会组织的不断完善，是推动我国体育社会组织健康发展、促进我国体育事业发展的一个切实可行的路径选择。

体育社会组织评估可以起到以下作用：第一，通过对体育社会组织评估，将其评估结果在官网上发布出来，让公众知晓、了解体育社会组织具体开展的活动，尊重和满足公众的知情权，有利于社会公众对体育社会组织的监督。第二，通过评估，优胜劣汰，树立标杆。鼓励优秀的体育社会组织更好地为社会服务，鞭策差的体育社会组织向优秀的学习，有利于体育社会组织的发展进步。第三，通过评估，对改革体育社会组织内部制度，重塑整体形象，提高社会公信力，从而赢得社会各界和政府机构的支持与资源投入具有一定推动作用。第四，政府可以委托第三方评估机构进行评估，并根据评估结论授予体育社会组织相应的职责权利，使其代为履行体育公共事务的职能。

（二）构建体育社会组织评估指标体系的理论基础

1. 委托代理理论

20世纪30年代，美国经济学家伯利（Berle）和米恩斯（Means）在探究企业所有者同时兼任经营者的做法存在极大的弊端，于是就提出了委托代理理论（principal-agent theory）。委托代理理论指出所有权和经营权分离，企业所有者保留剩余索取权，而将经营权转让出去。社会各个领域的分工合作中都普遍存在委托代理关系，最为典型的就是政府机构人员与公民、人民代表与员工、公司股东与经理都是在从事各自领域中活动并相应地授予代理人在该活动中决策权的契约，在这种情况下就会存在信息的非对称性，两者都希望谋取自身利益的最大化，必然就存在不可避免的冲突。委托代理理论的目的就是设计契约，委托人总想通过各种方式来监督与激励代理人为自己谋取最大利益，给代理人约束和激励，使其行为与委托人所希望的相同，来降低委托人所要付出的成本费用。

体育社会组织与其他社会组织一样，是政府机构与企业、各类社会利益群体直接相关联的一种组织，在政府机构无法回应社会对体育领域的需求时，代理政府对社会的体育服务职能，以实现公共体育利益价值为目标，具有和政府相关部门的目标一致性。与此同时，体育社会组织自身的志愿精神的存在和外部各组织之间的竞争环境，造就了体育社会组织能够提供比政府费用成本低、质量好、效率高的服务效果。政府通过招标形式、授权委托相关机构把公共体育资源产品供给权让渡给体育社会组织。因此，政府相关机构与体育社会组织之间也是一种委托代理关系，同样也会存在信息非对称性，政府会要求体育社会组织提供必要的信息来判断该组织是否尽心尽力完成职责或者评估其经营业绩。在政府职能移交给体育社会组织，委托其代理的过程中，就面临着如何激励和约束体育社会组织，如何保证委托代理关系一直良好地运转，如何科学有效地判断体育社会组织绩效情况等一些问题。所以，构建一套有效的体育社会组织评估指标体系，是对其最为清晰客观的评判，同时也对现阶段处于发展上升时期的体育社会组织健康有序发展，起到规范、约束与激励的作用。

2. 系统管理理论

1963年，美国著名管理学家、美国华盛顿大学卡斯特（Fremont E. Kast）、罗森茨威克（James E. Rosenzwing）与约翰逊（Richard Johnson）合著《系统理论和管理》，七年后又合著了《组织与管理：系统方法和管理》，这两部著作标志着系统管理理论的创立。系统管理理论是运用系统论、信息论、控制论原理，把管理视为一个系统，以实现管理优化的理论。系统管理理论的核心是用系统方法分析管理系统。

系统管理理论运用于构建体育社会组织评估指标体系中，起到了指导性的作用。评估系统是一个包括评估主体、评估客体、评估方法、评估程序、评估标准、评估指标、评估目标等要素构成的一个有机整体。从系统管理理论分析，体育社会组织评估强调的是各个要素在部分优化基础上的整体优化，同时也要考虑组织内、外部环境因素影响，使其评估具有整体性、全面性、系统性，也会使评估结果具有客观性、准确性；体育社会组织评估是一个系统分析的过程，是以整体最优为目标，从体育社会组织评估的整体利益出发，对评估的各个要素方面进行准确、客观、科学的定量分析；体育社会组织评估系统是其管理系统的子系统，评估的目的是以社会组织战略管理目标为导向，满足经营管理的需要；体育社会组织评估系统，强调落实责任与人员分工配合，各个部门切实贯彻其部门评估责任，并且评估要以公众为主，各个工作环节的运行都需要体育社会组织每位员工的密切配合，两者双管齐下，配合体育社会组织评估的良性运行。

3. 评估理论

体育社会组织评估，是指政府、体育社会组织内部、社会公众、社会各界舆论机构、第三方评估机构等采用一定评估手段和流程，通过多种途径和方法，直接或间接地通过评估等管理手段来提升体育社会组织的自身能力，进一步促进其自身长远发展的评估过程，其理论来源于以下三个方面。

（1）3E评估理论。3E评价理论分别是指效率性（efficiency）、效果性（effective-ness）、经济性（Economy）。

效率性：社会组织运行过程中投入资源与产出成果之间的对比关系，也就是在确定的投入下获得最大化的产出。

效果性：以满足公民需求达成组织目标的过程中，社会组织提供的服务是否达到预期目的、质量以及所做出的贡献。

经济性：社会组织在运行过程中用最低成本获得一定的公共服务，更多关注的是投入的数量成本控制，而不在意其产出的服务质量。

综合分析，3E评估理论更侧重于经济评估指标，更看重的是社会组织绩效产值，忽视了组织本质的非营利性，对提升社会组织自身能力建设和公信度具有一定局限性。

（3）3D评估理论。3D评估理论分别是指诊断（diagnosis）、设计（design）、发展（development）。

诊断：形象的比喻就如同医生给病人看病，运用到社会组织上，就是不断识别社会组织在运行过程中的问题，并找出社会组织内外相关利益群体的需求。

设计：针对于诊断中出现的问题进行分析，在其分析结果基础上设计出解决问题的方法。

发展：发展主要是社会组织运用设计出来的方案，组织管理者运行或管理过程中解决问题能力，以及使社会组织不断创新和进步的能力。

（3）APC理论。APC理论是清华大学邓国胜[①]提出来的一种非营利组织评估理论。在针对当前我国各类社会组织考核评估更多侧重于绩效的现状下，邓国胜提出，我国应从问责（accountability）、绩效（performance）与组织能力（capacity）三个方面对社会组织进行评估（简称APC理论）。问责、绩效与组织能力从不同侧面构成了社会组织发展的能力系统。同时，强调社会组织问责与组织能力的评估更为重要。问责评估是确保组织的诚信，主要作用在于为其树立社会公信度；绩效评估是通过评估考核组织，可使社会组织时刻保持持续创新提升紧迫感，提高社会组织的效率，促进其服务品质的提高；组织能力评估在于提升社会组织自身能力建设，不断提高自身能力，完成社会组织的使命。

（三）构建体育社会组织评估指标体系的基本原则

1. 科学性原则

体育社会组织在评估中应遵循科学性原则，即判断评估指标是否符合客观事实的标准，依据具体的实际情况，遵循科学决策的程序，运用科学思维方法分析体育社会组织评估，逐渐发现体育社会组织评估体系适用的普遍规律。科学性原则是体育社会组织评

---

① 邓国胜. 非营利组织APC评估理论[J]. 中国行政管理,2004(10):33-37.

估指标体系构建的核心和基础，掌握着体育社会组织评估指标体系的内在逻辑和理论价值、客观实在性、大的方向与目标，也直接会影响评估结果是否准确、严谨、客观、可信、可靠，以及政府和社会公众对此的采纳度。因此，科学性原则尤为重要。

在体育社会组织评估指标体系设计过程中，坚持科学性原则要注意几点：第一，要注意信息是否全面、准确、客观；第二，评估主体方向与目标是否明确；第三，评估实践是否清晰、可操作性强；第四，主观性与客观性评估指标是否对等；第五，注意评估指标的事实性与预期性之间的平衡。只有不断经过实践检验的科学评估体系，才能保证其科学性。

2. 可行性原则

可行性原则，就是制定体育社会组织评估指标要具有可操作性，并且真实地反映体育社会组织的实际情况所应设置的基本要求。体育社会组织指标的制定要运用到实际操作中，必须是实际、直观表现体育社会组织情况的具体数据，评估指标的确定必须以体育社会组织的价值选择为标准。在考虑评估主体的前提下还应充分考虑评估对象的主、客观条件，包含体育社会组织的发展背景、开展活动经费收支来源、内部成员构成等，使指标体系制定具有一定的针对性，避免指标的随意性、空洞性。如果制定指标不考虑体育社会组织各方面的实际情况，则会造成指标在实际运用过程中遇到阻碍，不能完成预期的评估目标，其评估结果的认可度遭到质疑。

3. 系统性原则

系统性原则也称整体性原则，是指评估指标要包括评估的整体系统目标所涉及的各个方面，并且应保证评估不出现任何片面性，全面反映社会组织系统内部能力建设与外部客观要求。

遵循系统性原则，评估指标体系的构建既要全面完整，又要真实客观反映组织能力建设、服务质量和财政收支等各方面情况。当下，随着体育事业得到各级政府和社会大众的高度重视，体育在人们生活中发挥着越来越大的作用，国家和社会给予体育社会组织的发展机会和空间也不断扩大，提供了一个良好的社会和政策环境，同时也对体育社会组织提出了更高的要求。我们在制定体育社会组织评估指标时，要覆盖评估考核的各个方面，体现其综合能力和社会效果，并能反映出政府和社会对体育社会组织的客观需求和设想的预期效果。

4. 定性与定量相结合原则

体育社会组织评估过程中要遵循定性与定量相结合的原则，才能达到评估指标的全面性和客观性。

通常情况下，定量评估指标用具体的数据表示出来，以显示体育社会组织的能力和服务效果产生的社会影响力。定量评估指标的优点在于能够用具体的数值去反映被评估主体的实际情况，具有客观性、可比性、可参考价值，从而减少了主观性，但不易从整体性的角度出发获得信息。

定性评估指标是运用评估主体的理性分析与感性判断来衡量，而不是直观地运用数字表示，主要是用于评估体育社会组织内部文化、伦理道德建设等，但不足在于评估衡量界限模糊不清，主要以评估主体的主观感受做出具体判断。因此，在定性评估指标中也可以将其量化，赋予一定的权重占比，从整体上来衡量与评估。

查阅文献资料发现，以往较多的评估指标的设定多是以定性评估指标为主，易造成评估指标结果与实际情况偏差。为了确保评估指标的科学性，要将定性原则与定量原则有机地结合起来，避免造成评估结果的片面性、盲目性。

（四）体育社会组织评估方法的选择

1. 平衡计分卡（BSC）评估法

平衡计分卡（balanced score card，BSC）始创于20世纪90年代，主要是以解决制定战略和实施战略脱节的问题。平衡计分卡从财务、客户、内部运营、学习与成长四个维度，将组织的战略目标落实为可操作的、实践性强的具体衡量指标，为战略管理提供强有力的支持，注重团队合作，提高整体管理效率，防止管理机能失调，起到内部激励作用，从而实现组织内部与外部群体的平衡、长期目标与短期目标的平衡、评估指标体系与战略目标的平衡。在四个维度中，财务是体育社会组织运行最基本的支撑；客户类似于体育社会组织会员及体育社会组织服务的对象；内部运营是主要核心，也是对体育社会组织提供公共服务能力的检验；学习与成长更多的是关注于体育社会组织今后长远发展的内在驱动力。因此，将平衡计分卡引入体育社会组织评估指标体系中，是促进体育社会组织全面发展的有效需求，也是构建体育社会组织评估体系的一个关键融合。

2. 多维服务质量评估法

多维服务质量评估法，是以顾客满意度为衡量标准，从顾客对服务前质量的期望值和感知服务后产生的实际影响进行客观的评估，通过顾客（服务对象）提供的信息进行分析整理，发现社会组织存在的问题，进而对社会组织服务质量进行有针对性的改进。

美国服务管理研究组合PZB（A.Parasuraman，V.Zeithml，L.Berry），对顾客感知服务质量进行研究，在1985年提出了差距模型，并将其定义为：服务质量是顾客购买前质量期望、感知过程质量和感知结果质量三者的乘积。这就存在一个不同的顾客对社会组织提供服务前的期望值不同，接受服务本身后感知的效果也不同，因人而异，最后的评估结果并不能十分准确客观地反映出组织对外服务质量的好与坏。然而，社会组织实际提供服务的机械性服务效益与服务接受者所实际感知到的心理性服务效益存在有较大的差距。①因此，对于组织服务质量的评估变动性就会较大，只有经过长期的评估，具有代表普遍性的评估样本，才能使评估数据具有相应的参考价值。

3. 财务比率评估法

财务比率评估法即财务比率分析法，主要是评价企业的财务状况和经营成果，一般从运营能力、盈利能力、偿债能力三个方面来衡量风险和收益。财务比率评估法主要是以社会组织截至同一时期的财务报表为基准，采用比率计算分析社会组织的财务状况，并及时做出调整。财务比率评估法可用来回答以下问题：①社会组织是否有充足的财务资源支持使命的完成；②社会组织有哪些渠道可获得财务资源支持使命的完成；③社会组织如何使用财务资源来支持使命的完成；④社会组织为完成组织使命，财务资源使用的效率与效果如何。

体育社会组织是非营利组织，财务比率评估法中的比率指标不仅与资金有关，更是与体育社会组织使命相关联，可以用来监管体育社会组织在开展体育活动时是否有充足的资金支持，通过什么渠道获得资金来支撑活动的开展，监管体育社会组织是怎样使用财务资源完成活动，以及使用财务资源的效率与效果如何。财务比率评估法是从不同方面侧重于体育社会组织运行的各个方面，从中发现财务的现实状况，识别出体育社会组织运行中的优势与不足，进而不断进行整改。

4. GET内部经营评估法

内部经营评估法最早是企业管理高层依据组织发展目标对企业经营效果的测定与分析，从而判定企业完成目标的阶段以及对企业资源使用的情况来做出针对性的决策方案，是确保企业目标实现的一种管理控制系统。

GET（gap evaluation tool，差距评估工具）内部经营评估法是社会组织进行内部经营时自我评估的一种方式。GET内部经营评估法是通过从社会组织的战略规划、协作规划、制度框架、管理质量、筹资、治理等六个方面做出相应的评价，是属于组织内部员工、管理高层等就组织职能方面问题的反馈，主要是考虑到内部工作人员对组织运行都非常了解，能够全面地回答问题，找出实际与预期之间存在的差距，然后将组织资源着重投入评估中较落后的方面，才能有效地提高组织内部的运营能力，有利于维持组织与投资者、捐赠者长期稳定的合作关系。2003年，新西兰成立的非营利组织Tauranga Moana Maori Tourism inc（TMMT）试用GET内部经营评估法后证明了其内部评估的有效性，可以有效地改善组织与社会事业捐赠者之间的关系。GET内部经营评估法运用于体育社会组织评估指标中，主要评估内部成员对内部管理各项职能的理解程度，然后针对内部组织实行管理职能的计划水平，最后通过评估各个管理职能实施的具体情况，找出差距，弥补不足，是一种体育社会组织内部自我评价的评估法。

① PARSU A PARASURAMAN, VALARIE A ZEITHAML, LEONARD L BERRY. Servqual: A multiple-item scale for measuring consumer perceptions of servce quality[J]. Journal of Retailing, 1988,64(01):46-48.

（五）体育社会组织评估主体类型的选择

1. 政府部门评估

我国在相当长的一段时间，体育社会组织都是由政府评估监管，政府对社会组织的评估管理占据主导权。目前，政府对体育社会组织的评估仍然发挥主导作用，还应该继续发挥主导作用。因为政府部门是国家社会经济宏观层面的管理者，运用行政权力对社会组织的各个产业部门、各类市场主体、各种经济组织进行管理，是职责所在。只有政府部门才能把握方针政策，监督引导体育社会组织向符合我国国情的方向发展。政府部门掌握着人力、财力、物力、信息等资源，可以充分发挥国家财政政策对社会组织评估工作给予的支持，以保证工作的顺利开展。同时，政府部门建立完整详细的社会组织数据库，在开展评估工作时能够迅速调取相关信息资料，统一尺度，进行全面大范围的监管。

当前，政府部门对社会组织的监管使社会组织能够稳定地发展，并取得了较好的成效。随着我国改革的深入、政府职能的转变，政府既要积极主动参与体育社会组织评估工作，进行宏观调控，把握方向，又不能过多地行政干涉。那么，采取"放管服"的政策方针加以约束，做好监督管理工作是最为合适的，也是必须的。

2. 体育社会组织自身评估

体育社会组织自身评估，即内部组织的评估，是一种较为普遍适用的评估模式，是一种自我修正、自我进步的过程，对社会组织内部有一定预先诊断作用，发现内部发展过程中的一些不足。自身评估的形式和要注意的问题如下。

一是上级领导部门对下级工作人员的评估。上级领导部门对下级工作人员的评估主要体现在上级领导对内部成员工作和社会组织内部运作程序各方面比较熟悉，通过上级领导部门对下级工作人员的评估，可以更深入了解组织成员的整体状态，但也存在一个问题，下级工作人员是否为了应付和迎合领导检查，从而忽视了实际社会组织整体的效益，而存留于表面功夫，导致评估结果不具有真实性、参考性。

二是同级别相互评估，也就是同事之间互评，以达到评估的目的。同级别相互评估具有客观性，有利于同事之间相互沟通了解，并且有利于避免上级对下级评估中带有的偏见，具有一定公平、公正性。但同事之间也有关系亲疏、工作交集交往多少的问题，易受主观因素影响，导致评估结果不具备参考价值。

三是下级工作人员对上级领导能力评估，主要是针对领导的决策能力、管理能力、规章制度制定及执行能力等综合评估。下级工作人员对上级领导能力评估在一定意义上具有客观公正的评估结果，但也会因涉及自身利益，领导与被领导关系，让下级工作人员的意见有所保留，导致评估结果不具有参考性。

3. 第三方机构评估

第三方机构评估，就是通过引进独立于社会组织与政府机构之外的第三方组织机构进行评估。第三方机构评估是一种政府考评方式的创新，其独立性的核心就是评估与被评估双方没有任何的利益牵连[①]，进行评估程序的设计、执行、信息的反馈和评估结果的公布，不受政府与其他社会组织的影响，具有民间性、专业性、组织性、客观性等显著的特征。

第三方机构一般由具有相关的专业知识和专业技能的人员组成，他们专业性强，能够全面整体地开展评估工作，可以保证评估结果的客观性和准确性。第三方机构应是依法独立的组织机构，在资金来源上不依靠政府，不受利益影响，受政府和社会舆论的监督，保证了评估结果的公平、公正、客观。同时，第三方机构要得到政府和社会的认同和支持，才能建立并长久地经营下去。这样第三方机构在对体育社会组织评估时就必然尽心尽力，做到客观公正，才能得到政府和社会的认可。

目前，第三方机构在公共管理绩效评估中得到了政府越来越多的重视，也在逐渐引入社会组织评估中。我国《民政部关于探索建立社会组织第三方评估机制的指导意见》（民发〔2015〕89号）指出："建立社会组织第三方评估机制，是完善社会组织综合监管体系的重要内容，是社会组织评估的发展方向。"根据我国国情建立一个不受政府支配，具有中国特色体育事业发展的第三方机构评估机制，对体育社会组织进行公正合理的评估考核，是非常必要的。

（六）体育社会组织评估指标的选择标准

1. 非营利性标准

体育社会组织的非营利性是指所开展的活动，提供的体育公共服务不以营利为目的。但为了开展活动，体育社会组织可能会凭借活动的开展获取一定的经济收入，但这些盈余收入只能用于实现组织的使命、目标和组织自身发展，不能用于组织内部成员的利润再次分配。

体育社会组织的各项活动一般是收取活动经费，并且体育社会组织不得超出自己的业务范围去从事营销性商业活动，只能是公益性质的或服务性质的活动。若超出这一范畴从事经营性活动，在评估中则会得到否定。

2. 公益性标准

我国体育社会组织是非营利性的公益性体育组织，公益性是最重要的评判标准。当然，体育社会组织也有互益性的问题，对本组织内部成员、会员或与其他体育组织就是互益性。公益性的受益主体是不特定的群体或者社会组织，互益性的受益主体是特定的群体和社会组织。公益性体育社会组织应该成为我国体育公益事业的重要承载主体。因

---

① 晓剑. 第三方评估——政府考评方式的创新[N]. 中国劳动保障报，2017（02）：1.

此，在设计评估指标时应注意将互益性与公益性有机统一起来。如果片面强调其公益性，忽视互益性，则与政府机关性质类同，就无法准确地定位体育社会组织的特性；如果片面强调互益性，忽略了其公益性，则与企业运行机制类同。只有将互益性融于公益性中，才是体育社会组织的重要标志和评估标准，是体育社会组织改革发展的方向和重要问题。

3. 社会效益标准

社会效益是指最大限度地利用有限的资源，满足人们日益增长的精神文化需求和物质文化需求。也可以说，公众在社会实践活动中对社会事业的发展起到的积极作用或者产生的各种好的效果，即社会效益。体育社会组织本身是公益性组织，不以营利为目的，而是为广大群众开展体育服务，对社会的发展进步、对人们的物质文化建设和精神文化建设产生影响，具有积极向上的社会带动性。所以，体育社会组织评估指标在选择标准上也要看社会效益。

（七）体育社会组织评估条件分析及方法设计

1. 评估条件分析

（1）政府需求。

新中国成立之初，我国实行的是计划经济。政府为了适应当前国情局势的发展使得国内的体育组织由政府主管，体育社会组织一直被"同构"在政府中。就政府监督与管理而言，通过构建体育社会组织评估机制，能够更加优化体育事业发展的不同需求，使主管部门和相关政府机构更能准确地发现体育组织存在哪些问题，从而有利于政府机关制定出具有针对性的政策，提高政府对体育社会组织科学化的管理与监督，也使体育社会组织能够完美地承接政府转移的职能，促进政府服务体育社会组织的形式越来越多样化和规范化。

（2）社会需求。

随着现阶段社会物质生活水平的提高、马斯洛需求层次的不断提升，公民的社会需求与利益需求也呈现出多元化的趋势，社会就不断有各类社团、群体聚集起来，社会组织的数量激增，社会各阶层人士也广泛关注社会组织的发展。同时，社会组织内部结构也在不断优化、改变发展模式，甚至与国际社会组织接轨。在这样的社会趋势下，社会组织评估机制就显得十分重要。

社会需要通过评估，了解、认识体育社会组织的具体情况，获取比较全面的信息，从评估中判断和衡量体育社会组织的优劣。对评估优秀的体育社会组织给予优惠政策；对评估不合格的体育社会组织责令改正，让其向优秀的体育社会组织学习。通过奖惩，让体育社会组织有一个良好的约束环境和激励环境。

（3）内部需求。

每个体育社会组织根据各自发展的条件与定位，及时发现存在的不足，找出差距，通过努力填补不足，是体育社会组织能够发展壮大的需要和前提。对体育社会组织的每位成员、会员来说，通过对组织的评估可以更深入地了解自己参与的体育社会组织内部成员的发展情况，让组织成员、会员与组织之间更好地、更便捷地及时沟通，从而得到成员、会员的支持。

体育社会组织评估的结果，对组织本身与外部交流和合作也会有较大影响，如筹集资金就会涉及一定的社会声誉。通过评估，对不同评估结果的体育社会组织会有不同的社会影响，可以更好地配置资源，满足体育社会组织的内部需求，激励内部成员的积极性，确保体育社会组织规范、良好发展。

2. 评估程序与方法的设计

近年来，我国体育社会组织发展迅速，以往传统的评估考核管理机制已不能满足当下体育社会组织发展的需要，在社会组织评估领域有不少专家学者做出了积极的研究探索，产生了一定的成效，为体育社会组织评估指标体系的构建，积累了不少经验。但体育社会组织评估指标体系的构建，既是一个系统工程，又有其特殊性，必须客观真实地反映体育社会组织内部能力建设和运作环节的具体现状，体现政府和社会对体育社会组织的要求和希望程度。因此，运用科学的评估方法和流程对体育社会组织评估具有重要的现实意义。

在评估体系中，对评估流程的科学合理设计是构建评估指标的一个重要环节。通过严谨的操作程序设计，并在执行过程中按照程序操作，可减少评估过程中的偏差和随意性，也防止了人为层面对最终评估结果的影响。民政部印发的《全国性社会组织评估管理规定》（民发〔2021〕96号）关于评估工作程序规定，"（1）开展社会组织评估工作之前，民政部应当发布评估通知或者公告。申请参加评估的全国性社会组织应当按照评估工作有关规定和要求，向评估办公室提交评估申请。（2）评估办公室自收到申请之日起10个工作日内审核社会组织参评资格，符合条件的，予以受理；不符合条件不予受理的，应当告知并说明理由。（3）评估委员会组建评估专家组，对获得评估资格的全国性社会组织进行实地评估。（4）实地评估方式主要包括：①座谈问询。了解参评社会组织工作开展情况。②查阅文件。对参评社会组织有关会议纪要、文件资料、财务凭证、业务活动资料等进行查阅核实。③个别访谈。通过与参评社会组织专职和兼职工作人员、党组织负责人、党员和群众、社会组织负责人、财务人员等谈话，了解有关工作开展情况。参评社会组织应当按照评估专家组要求如实提供相关资料，反映有关情况。（5）评估办公室应当通过线上线下等渠道向业务主管单位、行业管理部门、党建工作机构等相关部门以及参评社会组织的会员、理事、监事、捐赠人、受益人等相关方了解其社会评价情况。（6）实地评估完成后，评估专家组应当在7个工作日内向评估办公室提交实地评估意见。评估办公室审核汇总后，向参评社会组织反馈实地评估情况及相关意见建议。(7) 社会组织实地评估和社会评价等工作完成后，在30日内形成评估报告、提出评估等级建议，提交评估委员会审议。(8) 评估委员会召开会议，审议评估等级，并向社会公示。会议出席委员人数应当占全体委员人数的三分之二以上。会议采取记名投票表决方式，评估等级须经全体委员半数以上通过。(9) 参评社会组织对评估等级有异议的，可以在公示期内向评估办公室提出书面复核申请。评估办公室对社会组织的复核申请和原始证明材料进行审核。必要时，可以进行实地核实。(10) 评估办公室根据核实情况拟定复核意见，提交评估委员会审定后，在15个工作日内，以书面形式通知申请复核的社会组织。(11) 评估办公室应当设立评估工作投诉举报热线，向社会公开，接受社会监督。对评估期间收到的与评估工作有关的投诉举报，应当及时核实，并在评估报告中客观反映有关核实情况。(12) 公示结束后，评估委员会应当向民政部报送社会组织评估等级及相关公示情况。民政部确认评估等级后，发布公告，并向获得3A以上评估等级的全国性社会组织颁发证书和牌匾"。

《全国性社会组织评估管理规定》的颁布对社会组织评估考核具有积极作用，但在评估指标设置上仍以政府为主导。我们应建立以独立的第三方机构为评估主体，承接政府相应的职责，以一种委托代理的形式开展评估，政府仍然可以进行年检工作并对评估内容提出指导性意见。第三方机构在接受政府委托进行评估时，可根据我国经济社会发展的实际状况、行业内的需求、国家的相关政策要求，制定评估指标体系，按照以上流程进行评估，最后报民政部门审批并颁发证书和牌匾。

评估程序可按照自我审查与评估、业务主管部门初步审核、第三方机构实地考察评估、评估结果公示及等级确定、评估结果公告五个步骤进行。

第一，自我审查与评估。在第三方机构评估前，体育社会组织应进行自查自评。体育社会组织从自身内部组织的结构、管理、运营状况、财务收支等方面进行自我评估和总结，并根据体育社会组织的各个不同的专业领域，对开展活动的项目，开展活动的次数、影响力、财务资金筹集渠道和使用情况，以及最基本的内部人员情况做出具体的评估量化表，留下存档资料和真实有用信息，为公正客观地评估提供事实依据。进行内部自我审查与评估也可以制定一套内部考核指标，形成制度，进行经常性的内部自我评估与治理。

第二，业务主管部门初步审核。体育社会组织将内部的自我审查与评估报告转交给相关业务主管部门，业务主管部门组织相关人员，也可抽调各体育社会组织的人员组成联合审核小组，对自我审查与评估报告情况进行初步考核与评估。从其业务指导角度进行评估诊断，如有不足，及时提出相应的整改措施和建议。

第三，第三方机构实地考察评估。经过自我审查与评估、业务主管部门初步审核后，体育社会组织还可以根据业务主管部门审核的相关情况，做出内部相应整改。第三方评估机构则根据标准化的评估指标，对体育社会组织实地考察评估，此次评估与前两次不一样。前两次都停留在材料和内部自我评估上，第三方评估机构则是通过专业评估人员进入被评估的体育社会组织活动的现场观察、办公基础设施和内部组织结构设置的查看、走访询问会员、查询有关资料等，结合自我审查与评估、相关资料档案的查阅与评估机构专家组实地评估的结果等，进行客观公正的综合考察，根据评估标准与指标权重的赋分标准，逐一对体育社会组织各项评估指标评分，再整体将分数汇总得出评估的最终结果。

第四，评估结果公示及等级确定。第三方机构实地考察评估结束后，评估委员会将第三方评估机构出具的评估结果反馈给被评估的体育社会组织。如被评估的体育社会组织对评估结果有异议的，可以申请复审，再次接受第三方评估机构专业组人员评估，以得到最终的评估结果。同时，评估委员会通过新闻媒体或互联网公示此次评估结果，在公示期内接受广大民众及各级社会组织的监督检举，公示期结束，对没有异议的，做出评估等级结论报民政部门批准。

第五，评估结果公告。评估委员会对各体育社会组织最终评估结果在相关媒体、网络等进行公告，并将评估结果报送相关政府部门，作为政府职能转移承接对象的候选条件，"作为社会组织承接政府转移职能、接受政府购买服务、享受税收优惠、参与协商民主、优化年检程序、参加表彰奖励的参考条件，鼓励把评估结果作为社会组织信用体系建设的重要内容"①。同时，加大评估的宣传力度，让广大民众了解体育社会组织的运营情况，接受社会媒体和大众的监督。通过对体育社会组织评估结果的公告，得到社会的认可，扩大社会影响力，激励分数较为落后的体育社会组织争取优秀，鼓励优秀的体育社会组织更加优秀。

第二节 体育社团评估指标体系及治理机制构建

一、体育社团评估指标体系构建

（一）体育社团评估指标体系组成

评估指标体系由若干个单项评估指标组成，并且赋予不同指标相应的权重占比，形成一个完整结构的有效指标体系，用以对体育社团现阶段以及未来发展趋势的标准化的评估预测。体育社团评估指标体系的构建要以实现评估结果的科学性、客观性、合理性为基础，否则，会直接影响整个评估过程的最终效果。因此，体育社团评估指标的科学

① 民政部关于探索建立社会组织第三方评估机制的指导意见[J]. 中华人民共和国国务院公报,2015.

选取和指标体系的科学构建是完成整个社团评估工作的核心内容。

1. 体育社团评估指标的选取

分析参考相关评估指标体系内容及当下社会实际情况，体育社团评估各项指标内容，应由以下五大类组成。

一是政策性指标。政策性指标主要包含国务院，民政部，国家体育总局，各省（自治区、直辖市）、地方政府和体育局的方针、政策、法律法规，以及对体育事业的发展规划、计划等方面的要求。

二是财政性指标。财政性指标主要包含社团内部资金筹集的能力、运营收支平衡、财政资金投放活动产生的效果、财务信息公开程度与财政信息的可信度。

三是社会性指标。社会性指标主要包括外界对社团内部管理工作人员评价、会员对社团整体服务评价、新闻媒体评价、社会公众口碑评价、参加社会公益活动次数与影响力等。

四是组织能力指标。组织能力指标主要包括社团组织管理能力、活动项目运行能力、组织活动服务能力、社团突发应急事件处理能力、社会人际交往关系能力等。

五是社团组织结构组成指标。社团组织是否具有正规性、合法性、社团会员代表大会、法人法定代表设置、常务理事会构成、监事会组成、办公专业化程度与基础配套设施、党组织建设与党员培养等。

2. 体育社团评估指标体系表的设计

在体育社团评估指标体系表的设计过程中，首先，将实地考察调研搜集的相关领导、专家、体育社会组织负责人及工作人员的意见进行分析研究，参考民政部及有关省（自治区、直辖市）社会组织评估指标和《中国民间组织评估》[①]一书中的评估评分细则，在遵循评估指标设计原则和标准的前提下，以评估理论为支撑，吸收相关学者的研究成果，对若干较为成熟的非营利组织评估指标的实践模型进行综合整理，结合我国社会组织现阶段的实际情况及体育社会组织的现实特征，设计出体育社团评估初始指标。随后，邀请相关领域16位专家进行多轮德尔菲法调研：①发放第一轮初始指标调查表，在专家互不沟通的情况下，请专家对初始指标进行筛选，提出相应意见与建议。回收第一轮初始指标调查表发现，专家在初始指标的内容和分值权重上有不同意见。②将回收的调查表进行统计，将分值权重和内容进行调整，设计出第二轮专家调查表，发放给专家。回收第二轮专家调查表后，根据专家的建议又做了修改与调整，主要针对社团内部治理中的组织机构、社团管理层人员产生方式的划分以及管理人员能力的界定进行修正。在党建工作评估指标这一项，设与不设，专家有不同意见，但我们将此作为了保

---

① 国家民间组织管理局. 中国民间组织评估[M]. 北京:中国社会出版社,2007.

留项，并设计出第三轮专家调查表。③第三次发给专家，在回收第三轮专家调查表后，结合专家提出的建议，修改设计了构建科学、合理的体育社团评估指标的具体维度划分，增加了奖励加分内容，形成较完善的评估指标体系，设计出第四轮专家调查表。④第四次发放给专家，回收统计第四轮专家调查表，显示16位专家意见基本一致，15位专家评估为"合理"，1位专家评估为"较合理"。最后，设计出了完整的体育社团评估指标体系表，见表5-1。

体育社团评估指标体系表共分五部分：第一部分，基础条件100分；第二部分，内部治理360分：第三部分，工作绩效400分；第四部分，社会评估140分；第五部分，特色工作30分，共1 030分。

表5-1 体育社团评估指标体系表（总分值1 030分）

一、基础条件（100分）

一级指标	二级指标	三级指标	四级指标
基础条件（100分）	法人资格（35分）	法人代表（10分）	选取产生的程序（10分）
		体育社团活动资金（10分）	银行账户资产（5分）
			年末净资产（5分）
		体育社团名称使用（5分）	挂牌牌匾名称是否齐全（5分）
		体育社团设施条件（10分）	办公用房场地是否完备（5分）
			办公基础设施是否齐全（5分）
	章程（15分）	章程制定（5分）	章程制定或修改程序（5分）
		章程标准（10分）	章程经登记管理机构核准（10分）
	登记与备案（30分）	变更登记（10分）	名称、业务范围、住址、法定代表人、业务主管单位等变更情况登记（10分）
		备案范围（20分）	社团印章使用记录（5分）
			负责人按规定办理备案（2分）
			社团内外部办事机构（2分）
			银行账户信息（4分）
			社团突发大事件备案存档（2分）
			社团会费标准（5分）
	年度检查（20分）	年度检查要求（20分）	参加年度检查材料与时间（10分）
			年度检查结论（10分）

二、内部治理（360分）

一级指标	二级指标	三级指标	四级指标
内部治理 （360分）	组织机构 （50分）	社团工作人员（15分）	社团工作人员专业性人才（5分）
			社团工作人员学历情况（5分）
			社团正式员工人数（5分）
		社团管理人员及能力 （25分）	管理人员的专业领域及产生程序（5分）
			管理人员人际交往能力（10分）
			领导者处理事情的决策力与获取业务活动能力（10分）
		会员（会员代表）大会 （10分）	会员代表产生制度（5分）
			会员（会员代表）大会召开情况（5分）
	发展规划 （10分）	规划、计划与总结 （10分）	发展规划制定情况（5分）
			年度工作计划和总结（5分）
	人力资源 （50分）	人事制度管理（20分）	人员聘用程序（5分）
			人员薪酬情况（3分）
			劳动合同签订（5分）
			社会保险缴纳（3分）
			住房公积金或内部补助（4分）
		工作人员管理及培训 （15分）	工作成员定期培训率（5分）
			内部文化建设（5分）
			成员奖惩措施（5分）
		专业会计人员管理 （15分）	专业会计人员配备（5分）
			专业会计人员岗位职责分配（5分）
			专业会计人员履职情况（5分）
	理事会、常务 理事会（45分）	理事会（20分）	理事产生程序（5分）
			理事会召开次数（5分）
			理事会是否按期换届（10分）
		常务理事（25分）	常务理事产生情况（5分）
			常务理事会召开情况（5分）
			会议纪要（5分）
			常务理事履职情况（10分）
	监事会或监事 情况（25分）	监事会和监事情况 （25分）	监事会运作效率（5分）
			监事会设置情况（5分）
			监事会发挥作用情况（10分）
			内部人员对监事会成员评价（5分）

续表

一级指标	二级指标	三级指标	四级指标
内部治理（360分）	日常工作运转情况（30分）	民主决策（20分）	会员（会员代表）大会表决事项（5分）
			会员（会员代表）大会事项表决形式（5分）
			负责人产生选举形式（5分）
			负责人产生表决形式（5分）
		机构运转（10分）	各部门运转情况（5分）
			各部门工作职责划分清楚（5分）
	党的组织建设（50分）	党组织管理（15分）	社团内部党组织领导班子配备（5分）
			内部党组织领导班子履职情况（5分）
			党组织设立情况（5分）
		党员管理（20分）	党员作用发挥（10分）
			表彰奖励（5分）
			党费收缴使用情况（5分）
		制度落实（15分）	党建进章程（5分）
			"三会一课"制度（5分）
			组织生活、民主评议党员制度（5分）
	资金运营与管理（35分）	资金运营合法性（20分）	社团经费来源与资金使用情况（10分）
			社团各项财政支出审批是否与规定的程序相吻合（10分）
		资金管理（15分）	货币资金管理制度（4分）
			货币资金使用（6分）
			会费标准及收支管理（5分）
	财务情况（50分）	财务报告（10分）	财务报告制度（5分）
			财务报告编制（5分）
		财务监督（15分）	监督机制健全（3分）
			财务报表审计（6分）
			内部监事监督（3分）
			离任或换届财务审计（3分）
		税收与票据管理（15分）	定期进行税务登记（5分）
			社团票据管理（5分）
			会费收据使用（5分）
		项目活动收支情况（10分）	社团项目活动支出程序（5分）
			社团项目活动收支平衡性（5分）
	档案、证章管理（15分）	档案管理与证书保管（10分）	档案管理制度（4分）
			档案（证书）保管情况（6分）
		印章管理（5分）	印章管理制度（2分）
			印章保管、使用（3分）

三、工作绩效（400分）

一级指标	二级指标	三级指标	四级指标
工作绩效 （400分）	业务活动 （120分）	业务活动计划（30分）	长期与短期业务活动计划制定（10分）
			活动经费收支计划（5分）
			活动项目流程化管理（5分）
			活动项目工作计划具体完成情况（10分）
		业务总结、监督与评估（30分）	针对具体活动项目进行评估筛选（5分）
			活动项目监督检查（10分）
			活动项目结束后总结评估（15分）
		业务活动效率及社会影响力（60分）	年度活动项目总数（10分）
			每项活动开展平均周期（10分）
			业务活动项目设计与创新性（20分）
			业务活动社会影响力（20分）
	提供服务情况（120分）	服务专业性及经费保障（10分）	服务专业技术能力匹配（5分）
			服务过程中经费保障（5分）
		服务活动社会定位（10分）	服务活动社会定位（10分）
		服务社会（50分）	社会公益活动开展情况（20分）
			在社会面临重大事件中所发挥的作用（20分）
			公众反馈及对公众的吸引力（10分）
		服务政府（50分）	社团参与制定相关体育类法律法规及政策文件（10分）
			接受政府委托的体育活动项目与购买服务（30分）
			向政府提出有建设性的政策建议（10分）
	会员工作 （60分）	维护会员权益（35分）	反映会员诉求（15分）
			维护会员合法权益（20分）
		会员业务培训及表彰（10分）	会员业务培训（5分）
			会员表彰奖励（5分）
		会员管理（15分）	会员管理制度（5分）
			会员数据库（3分）
			会费收缴率（7分）

一级指标	二级指标	三级指标	四级指标
工作绩效 （400分）	政务信息公开（30分）	政务信息制度（10分）	社团内部服务承诺制度（3分）
			社团内部提供服务内容形式与承诺是否一致（4分）
			社团政务信息公开管理制度建设（3分）
		政务信息公开内容（20分）	是否定期在各大媒体上公开发布（3分）
			社会大众查询便捷（4分）
			社团的基本情况简介（3分）
			社团各项活动收费内容与标准（4分）
			每年度财务审计报告（3分）
			年度工作总结（3分）
	行业影响力（20分）	行业覆盖面（10分）	会员数量（5分）
			会员活动举办频率（5分）
		行业评价及行业影响力（10分）	行业口碑评价（5分）
			行业合作项目影响力（5分）
	宣传推广（25分）	媒体报道（10分）	媒体网站报道（5分）
			刊物资料（2分）
			特色活动宣传（3分）
		社会责任（5分）	倡导会员履行社会责任，开展公益活动（5分）
		信息平台（10分）	交流平台（5分）
			互动平台（5分）
	国际国内交流（25分）	国内业务交流（15分）	交流活动计划（5分）
			交流活动次数（5分）
			交流活动影响力（5分）
		国际交流（10分）	合作项目（5分）
			交流活动影响力（5分）

续表

四、社会评估（140分）

一级指标	二级指标	三级指标	四级指标
社会评估（140分）	管理部门评估(40分)	登记管理部门评估（20分）	登记管理部门对社团登记管理、单位非营利性、财政管理、信息公开、服务社会、服务政府、规范化建设、自律与诚信度建设的综合评估(20分)
		业务主管部门评估（20分）	社团相关业务主管部门领导层面、财政管理、信息公开、服务社会、服务政府、规范化建设、自律与诚信建设的整体评估(20分)
	内部评估（60分）	理事评估（15分）	对单位财务管理、创新能力、班子履职、重大事项民主决策和提供服务能力的评估(15分)
		会员评估（20分）	对非营利性、财务管理、班子履职、重大事项民主决策和提供服务能力的评估(20分)
		监事评估（15分）	对非营利性、财务管理、班子履职、重大事项民主决策和提供服务能力的评估(15分)
		工作人员评估（10分）	对规范化管理、行业影响力、业务开展情况的评估(10分)
	外部评估（40分）	社会公众评估(20分)	社会公众对社团整体印象的评估(20分)
		社团获得表彰奖励情况(20分)	政府部门与全国性体育社团组织的表彰及奖励情况(20分)

五、特色工作（30分）

一级指标	二级指标	三级指标	四级指标
特色工作（30分）	获得国际国内荣誉(15分)	获得额外奖励项目（15分）	获得自主品牌创建项目创新荣誉称号(5分)
			社团内部人员在国内外大型体育运动会上获得荣誉称号(5分)
			体育社团对中华传统文化的传扬与创新做出贡献,获得国内外称号(5分)
	服务国家重点领域、重点工作(促进共同富裕、应急抢险救灾、深化体教融合工作等)(15分)	工作效果(5分)	工作开展过程及成效(5分)
		媒体宣传(5分)	国家、省(自治区、直辖市)等各级别宣传报道(5分)
		表彰奖励(5分)	政府及相关部门的表彰奖励(5分)

3. 体育社团各项评估指标内涵的说明

根据体育社团成立的背景、特点、使命及其功能设置的分析，我们将体育社团评估体系分为基础条件、内部治理、工作绩效、社会评价、特色工作等五个方面的指标。

（1）基础条件（100分）。

基础条件是体育社团内部最基本的机构设置评估，从社团成立的必备条件，如法人资格、章程、登记与备案、年度检查等展开评估，考察体育社团是否具有合法性与规范性。

（2）内部治理（360分）。

内部治理主要是从领导管理层到体育社团工作人员的管理治理机制考核，延伸到对社团内部组织机构、人事管理、领导成员、社团日常工作、党的组织建设、资金运营与管理等情况进行考核评估。

（3）工作绩效（400分）。

工作绩效的评估是考核的一个硬性杠杆，是衡量社团优劣的标准，为体育社团的健康发展明确方向，不断提升社团的积极性、竞争性及自我更新的能力。因此，评估指标分值的设置偏重工作绩效。工作绩效的评估指标主要从以下四个方面进行：①考察体育社团业务活动的开展情况，提供活动服务的专业性，服务所产生的效果以及影响力，并且在提供服务时社团给予被服务人员的一系列承诺；②考察体育社团对政府、社会、公众三者提供服务的效果与能力；③考察社团国内外业务活动开展的情况，社团扩展外部业务活动的能力以及传播社团内部文化价值理念的能力；④考察社团开展各项业务活动的全方位信息公开情况、体育社团政务信息的透明度和自觉接受广大公众监督的态度等。

（4）社会评估（140分）。

社会评估主要起到对体育社团的监督作用，通过管理部门，社会公众，内部理事、监事及会员三大方面进行综合性评估。①管理部门评估，即民政部门对于体育社团登记注册、非营利性、财政管理、信息公开、服务社会、规范化建设以及自律与诚信度建设的整体评估；业务主管部门对体育社团领导层面、财政管理、信息公开、服务社会、服务政府、规范化建设以及自律与诚信建设的整体评估。②外部评估，即社会公众评估，社会媒体对社团的整体社会影响力的综合评估。③内部评估，即社团理事会对社团领导履行职责能力、重大事项的决策力、创新能力、规范化管理及财务管理的评估；监事会对社团内部各项活动监管能力综合测评；社团内部会员对社团服务的质量、态度、诚信度以及信息公开度的评估。

（5）特色工作（30分）。

特色工作是为了挖掘体育社团内部创造力，鼓励社团成员在国内外大型体育运动会上获得较好成绩或荣誉称号，鼓励体育社团传承中国体育文化，在国际社会中广泛宣传中国体育文化，考核体育社团支持、参与、服务国家重点领域、重点工作方面的情况。

4. 体育社团评估指标体系权重的确定

对于体育社团评估指标体系的构建，从基础条件、内部治理、工作绩效、社会评估四个目标层次整体设置权重占比。评估指标分值权重的确定，采用了以下方法。

第一，参考民政部2010年12月颁布、2011年3月施行的《社会组织评估管理办法》和2011年8月民政部修订执行的社会组织评估指标。其中，全国性行业协会商会评估指标总分值为1 000分：基础条件100分，内部治理390分，工作绩效400分，社会评估110分。

第二，实地调研有关省（自治区、直辖市）"联合类社会团体评估指标""行业协会商会评估指标"评分细则，体育社团组织负责人对评估指标分值提出建议。

第三，查阅参考《中国民间组织评估》[①]一书中，"公益类社会团体评估评分细则"为基础条件130分，组织建设270分，工作绩效450分，社会评价150分，共1 000分。"联合类社会团体评估评分细则"为基础条件150分，组织建设200分，工作绩效500分，社会评价150分，共1 000分。

第四，采用德尔菲法，对评估的各项指标加以权重确定。

总的来说，我们根据评估方法的导向，进行实地调研访问，考量不同地区、不同类型体育社团的实际情况，借鉴参考各类社会组织评估指标体系，运用德尔菲法调查，综合各方面专家、体育社团负责人、社会组织管理部门意见，以及当下体育社团本身的发展情况，最后确定出体育社团各项评估指标权重具体分值。即：总分值为1 030分，基础条件100分，内部治理360分，工作绩效400分，社会评估140分，特色工作30分。

（二）体育社团评估等级的划分

民政部颁布并于2011年3月1日实施的《社会组织评估管理办法》，是对社会组织规范发展与管理的具体实施文件，明确提出了对社会组织评估等级管理问题，根据《社会组织评估管理办法》以及相关文献，将社会组织开展的特色活动与等级指标划分作为前置条件，二者结合，具有合理性，在构建体育社团评估指标体系中具有一定借鉴参考价值。所以，我们总体上仍把体育社团评估划分为5个等级，由高到低依次为5A、

---

① 国家民间组织管理局. 中国民间组织评估[M]. 北京:中国社会出版社,2007.

4A、3A、2A、1A，依次对应的是优秀、良好、合格、基本合格、不合格。其中，评分具体如下：900分及以上为5A，800～900分为4A，600～800分为3A，400～600分为2A，400分以下为1A。具体标准见表5-2。

表5-2　体育社团评价等级标准

等级	评估分值	评估标准
5A（AAAAA）	900分及以上	优秀
4A（AAAA）	800～900分	良好
3A（AAA）	600～800分	合格
2A（AA）	400～600分	基本合格
1A（A）	0～400分	不合格

通过评估的体育社团可获得不同的等级证书，获得3A级及以上的体育社团可以优先承接政府转移的公共职能，优先获得政府购买服务的资格，优先享有政府的优惠政策和奖励。但若在年检中连续两年不合格，则取消3A级及以上等级；在评估过程中提供虚假评估材料以及作弊的，取消获评资格，直接定为1A级，并且连续两年1A级，责令停业整改，整改后经相关部门验收合格，才能再次运营和参与评估。

二、体育社团治理机制构建

治理是体育社团监管的重要组成部分，如何更好地监管体育社团组织的活动，为体育社团带来切实的利益并指导其可持续发展尤为重要。我们可以从构建体育社团外部、内部治理机制入手，探讨体育社团的有效监管问题。

（一）体育社团外部治理机制构建

1. 政府积极购买体育公共服务

通过政府购买服务来承接公共服务职能，是体育社团参与社会治理和自身外部治理的重要途径之一。我国自2013年9月国务院办公厅印发《关于政府向社会力量购买服务的指导意见》以来，体育社团作为"社会组织"的重要组成部分，通过为社会提供公共体育服务的方式，承接了部分政府公共体育服务职能的转移。

当然，政府在向体育社团购买体育公共服务前，应首先对体育社团资质进行考察，分析体育社团可能出现的竞争，了解体育社团服务质量的好坏以及社会反馈意见等。

如果从具体的购买案例展开研究，我们可以将体育社会组织参与体育公共服务购买的模式分为三类：①竞争性购买，独立的竞争各方有明确的购买目标，同时有公开竞标程序和可供选择的市场，这种形式在国内只存在个别案例；②非竞争性购买（也称为政府委托性购买），指政府与社会未经社会组织竞争性的过程，直接委托某社会组织购买的形式；③形式性购买（直接下达任务等），是目前最常见的形式。其中，后两种形式并不是建立在平等基础上的合作关系①，这是政府在购买体育公共服务时应注意的一个问题。

政府或业务主管部门可以出台相关文件，给予购买体育社团公共服务的政策指引，通过政府购买服务的方式参与体育社团的治理机制构建。这样，对体育社团的治理机制构建有三个作用：①购买的同时可以促进政府加快精简职能的进程，推进公共服务职能的对外转移，实现政府社会治理和对体育社团宏观调控的目的，保证体育社团的健康运行。②在体育社团承接社会体育公共服务活动的初期，如遇上资金运转困难，当地政府可以及时知晓情况并予以解决。只要体育社团具有一定的信贷资质和偿还能力，政府可以为其担保，金融部门对体育社团的财政困境予以信贷支持，支撑体育社团发挥更大作用，参与体育公共服务事业的发展。③通过当前高效的信息传播途径，积极向大众宣传优秀的体育社团，引导政府部门购买更多的体育公共服务项目，积极为体育社团开拓更为广阔的资源环境，为体育社团的发展保驾护航。

2. 构建有利于体育社团发展的社会环境

在体育社团发展的社会环境营造方面，政府应当为体育社团提供与其他社会组织同等的发展条件，关注体育社团行业自律建设、活动行为规范和诚信培养，让体育社团推出各自的服务承诺，让公众了解体育社团，对体育社团形成清晰、正面的认知，从而支持体育社团的发展。在体育社团从事社会事务的过程中，存在着职能定位与法律规定相冲突、主体责任不够明晰等问题。在政策法规的制定方面，政府应和体育类民办非企业单位、体育基金会区别对待，客观地看待体育社团自身的特殊性，制定与体育社团相适应的政策法规。但在业务发展中，政府应当将体育社团与其他社会组织一视同仁，统筹整体社会组织的发展，均衡资源调配。

首先，在社会治理中，政府业务主管部门应该赋予体育社团一定的自治能力，体育社团也应该梳理清楚自身能承担的社会责任范围。政府在构建体育社团发展社会环境时，应当与体育社团建立新型合作关系的模式，让体育社团充分发挥自身优势。政府业务主管部门应切实了解体育社团的发展情况，反映群众对体育社团的真实诉求。例如，四川省体育局已将优秀的体育社团纳入政府业务主管部门行政事务的听证范围，做到了政务决策科学化、民主化。

其次，政府要建设社会组织信用体系，建立体育社会组织信息库并通过网络等渠道

---

① 李世友.社会组织承接公共服务的困境与提升路径研究[D].南昌：南昌大学，2017.

向民众公布，除体育社团基本信息之外，还可将诚信建设内容纳入信息库，增强体育社团的公开性和透明度。政府通过评估建立体育社团的社会监督与自律机制，能提升体育社团的内部运行能力和社会公信力，创造更加有利于体育社团发展的社会环境，提升体育社团的发展水平。

最后，政府要构建开放的体育社团生态系统。目前，体育社团缺乏参与社会治理的共识，这也是制约我国体育社团发展的影响因素之一。政府应当引导群众转变观念，增加群众对体育社团的认同感，增强体育社团从业人员的归属感，让体育社团参与社会共治成为共识。在对公共服务需求较强的社区，政府应尽快制定完善社会公共治理服务体系，营造体育社团参与社区治理的良好社会氛围，让体育社团真正融入社区，融入整个社会，用优质服务获得群众的信赖，进一步提升自身公信力，获得更大生存空间。

3. 降低体育社团准入门槛

长期以来，体育社团是政府主管部门体育局和民政厅（局）双重管理制度，民政厅（局）负责体育社团登记注册，体育局作为业务主管部门负责审批和业务指导。双重管理制度存在已久，对维护社会秩序、保障社会稳定和谐发展起到了不可忽视的作用。随着我国改革开放的深入，根据体育社团自身的特殊性，可对体育社团进行有差别、有分类的管理。2013年，国务院办公厅公布的《国务院机构改革和职能转变方案》中，将行业协会商会类、科技类、公益慈善类、城乡社区服务类等四种社团纳入直接登记范畴中，是探索社团组织健康发展的大胆尝试。2016年，中共中央办公厅、国务院办公厅印发《关于改革社会组织管理制度促进社会组织健康有序发展的意见》，进一步明确了行业协会商会、科技类、公益慈善类、城乡社区服务类社会组织可稳妥推进直接登记。因此，我们可以在简化登记审批程序、提供指导服务的同时，充分掌握体育社团的业务活动情况，积极探索降低体育社团准入门槛的办法，降低政府运行成本压力，提高体育社团自身管理能力。

（二）体育社团内部治理机制构建

体育社团作为社会组织的一部分，既是社会治理的参与者，也是公共服务的提供者，承接政府购买服务的能力尤为重要。如果体育社团缺乏社会需求的公共服务能力，体育社团承接政府购买服务的地位就可能被企业替代。因此，这就需要体育社团具有完善的内部组织能力和自我发展能力，即需要构建自身内部治理机制，规范发展，提高承接政府公共服务职能转移的能力，才能具备公信力，获得政府和社会的认可。

1. 内部成员分工明确，奖罚分明

体育社团作为独立的法人组织，运行中应去行政化，形成独立自主的法人机构。体育社团会长、副会长、秘书长、副秘书长在内的体育社团负责人，以及理事会和监事会成员要职责明确，分工明晰，形成运行流畅、民主决策的治理状态。

体育社团的内部工作人员也应当分工明确，并要求体育社团所有内部工作人员严格遵守社团章程，做章程的践行者，维护社团的目标和声誉。体育社团应建立内部工作人员奖励和惩罚机制，对于体育社团内部工作人员的业务工作、职业精神提出要求，并纳入绩效管理中，做到奖惩分明，激励内部工作人员的工作积极性、主动性。

2. 建立信息公开制度

体育社团获取政府与社会广泛信任的根本途径是主动建立完善的信息公开制度。体育社团的运行情况只有被充分了解，被充分信任，接受社会监督，才会得到政府和社会力量的支持，获得更多的社会资源配置。首先，体育社团内部要加大对信息公开必要性的教育宣传工作，促使体育社团内部组织自律，使社团内部人员信息流畅，及时有效沟通，激发体育社团的运行活力。其次，主动向政府主管部门和社会大众及时披露运营情况和工作业务信息，主动走进政府和群众视野，增强自身公信力，为体育社团业务开展和参与社会治理打造良好基础。最后，要明确规定体育社团信息公开的内容、信息公开的时间、细化信息公开的标准、优化信息公开的方式方法，保证信息公开的时效性和有效性，明确规定信息公开过程中的问题反馈、收集以及回复的责任归属，保证信息公开系统的良性循环。①

3. 尊重会员合理诉求

在体育社团建立和发展的过程中，会员是支持体育社团稳步向前的重要因素。从财政上来讲，会员会费收入、政府补贴、政府委托是体育社团开展活动、进行业务培训、发放工作人员薪资的重要来源。从资源上来讲，社团会员同样具有为社团带来重要无形资源的能力，避免体育社团与外界存在大量信息不对称的情况。因此，在体育社团的组织结构中，优质的会员单位和个人是体育社团稳定发展的保障。同样，体育社团在日常运行中要尊重会员合理诉求，保证会员行使其在体育社团内的合法权益，使体育社团会员对社团产生信任感和归属感，也是体育社团内部治理的重要一环。

因此，体育社团需要在内部管理规范条例中，明确规定会员与社团主体双方应尽的责任和义务，正视会员的利益需求，避免会员流失，增强凝聚力，从而保证体育社团的稳定发展。

同时，体育社团还要树立为会员服务的理念。在不违背体育社团章程与内部管理规范条例，且不损害体育社团利益的情况下，体育社团应当积极回应会员的诉求。同时，体育社团还要积极维护社团会员单位的正当合法权益，为会员单位某项目的发展保驾护航。这样，既可以增进会员和会员单位对体育社团的认同感与归属感，取得各会员单位的信任支持，有利于体育社团各项活动的开展；也可以增强体育社团整体的凝聚力，加

---

① 姚锐敏.困境与出路:社会组织公信力建设问题研究[J].中州学刊,2003(01):62-67.

快体育社团自身能力建设，上下一心集中力量办大事；还可以增加体育社团无形资产，扩大体育社团的社会资源。

第三节　体育类民办非企业单位评估指标体系及治理机制构建

体育类民办非企业单位与其他体育社会组织不同之处在于：既是公益组织，又是社会服务机构。体育类民办非企业单位的社会服务能力和社会评价比其他体育社会组织更重要，可以收取一定的服务报酬，但又不能以营利为目的，在评估指标体系构建中要注意把握这些特点。

一、体育类民办非企业单位评估指标体系构建

（一）体育类民办非企业单位评估指标体系组成

1. 体育类民办非企业单位评估指标的选取

体育类民办非企业单位评估指标的选取包括以下五大类。

一是政策性指标。政策性指标主要包含国务院，民政部，国家体育总局，各省（自治区、直辖市）、地方政府和体育局的方针、政策、法律法规，以及对体育事业的发展规划、计划等方面的要求。

二是财政性指标。财政性指标主要包含组织内部资金筹集的能力、运营收支平衡、财政资金投放活动产生的效果、财务信息公开程度与财政信息的可信度。

三是社会性指标。社会性指标主要包括外界对组织内部管理工作人员评价、整体服务评价、新闻媒体评价、社会公众口碑评价、参加社会公益活动次数与影响力等。

四是社会服务能力指标。社会服务能力指标主要包括民非组织管理能力、活动项目运行能力、组织活动服务能力、突发应急事件处理能力、社会人际交往能力等。

五是组织结构组成指标。组织是否具有正规性、合法性、法人法定代表设置、常务理事会构成、监事会组成、办公专业化程度与基础配套设施、党组织建设与党员培养等。

体育类民办非企业单位对社会服务能力、绩效方面提出了更高的要求，增加了考核指标权重。

2. 体育类民办非企业单位评估指标体系表的设计

体育类民办非企业单位评估指标体系表的设计程序与方法同体育社团。体育类民办非企业单位评估指标体系共分五部分：第一部分，基础条件100分；第二部分，内部治理380分；第三部分，工作绩效320分；第四部分，社会评估200分；第五部分，特色工作30分，共1 030分。具体见表5-3。

表5-3 体育类民办非企业单位评估指标体系表（总分值1 030分）

一、基础条件（100分）

一级指标	二级指标	三级指标	四级指标
基础条件（100分）	法人资格（35分）	法人代表（10分）	选取产生的程序（10分）
		民办非企业单位活动资金（10分）	银行账户资产（5分）
			年末净资产（5分）
		民办非企业单位名称使用（5分）	挂牌牌匾名称是否齐全（5分）
		民办非企业单位办公设施条件（10分）	办公用房场地是否完备（4分）
			办公基础设施是否完备（3分）
			活动场地设施是否完备（3分）
	章程（20分）	章程完整（5分）	有章程（5分）
		章程制定（7分）	章程制定或修改程序的核准（7分）
		表决程序（8分）	章程表决程序是否合规（8分）
	变更与备案（25）	变更登记（10分）	名称、业务范围、住址、法定代表人、业务主管单位等变更情况记录（10分）
		备案范围（15分）	印章（3分）
			主要负责人姓名（3分）
			理事、监事（3分）
			银行账户信息完善（3分）
			突发大事件有备案存档（3分）
	年度检查（20分）	年度检查要求（20分）	年度检查时间（10分）
			年度检查结论（10分）

二、内部治理（380分）

一级指标	二级指标	三级指标	四级指标
内部治理（380分）	组织机构（50分）	理事会（25分）	理事产生、罢免情况（5分）
			理事会人数（5分）
			按时换届情况（5分）
			理事会召开次数（5分）
			与本单位无经济利益关系人士担任理事情况（5分）
		监督机构（15分）	监事或监事会（5分）
			监事发挥作用（召开会议记录、每年有监事工作报告）（10分）
		办事机构（10分）	办事机构设置、运转情况（5分）
			工作职责（5分）

续表

一级指标	二级指标	三级指标	四级指标
内部治理（380分）	领导班子能力建设（35分）	管理人员情况（10分）	领导产生程序与履职情况（5分）
			行政负责人专兼职情况和产生方式（5分）
		管理人员能力（25分）	领导层年度绩效考核情况（5分）
			领导者处理内外部人际交往能力（5分）
			最高管理层负责人专业领域构成（5分）
			领导者的决策能力与获取业务活动的能力（10分）
	会计人员管理（15分）	专业会计人员管理（15分）	配备了专业会计人员（5分）
			专业会计人员岗位职责分配明确（3分）
			专业会计人员履职尽责（7分）
	人力资源（35分）	人事管理制度（20分）	人员聘用程序（3分）
			工作人员薪酬情况合理（3分）
			劳动合同签订（2分）
			社会保险缴纳（2分）
			成员奖惩措施分明（4分）
			成员定期培训（3分）
			住房公积金或补助（3分）
		工作人员情况（15分）	工作人员专业性人才占50%（5分）
			学历情况（5分）
			正式员工数占50%（5分）
	日常工作（10分）	工作运转（10分）	各部门运转情况（5分）
			部门办事机构设置完善（2分）
			内部人员工作职责划分明确（3分）
	诚信建设（20分）	组织内部诚信建设（20分）	领导班子成员诚信教育（10分）
			内部员工诚信教育（10分）
	党的建设（50分）	党组织管理及建设（25分）	内部党组织设置情况（5分）
			"三会一课"制度（5分）
			组织生活会、民主评议党员制度（5分）
			党建进章程（5分）
			党内民主决策、民主监督（5分）
		党员管理（25分）	党员作用发挥（10分）
			党费收缴使用情况（5分）
			流动党员管理（5分）
			表彰奖励（5分）

一级指标	二级指标	三级指标	四级指标
内部治理 (380分)	资金运营与 管理(80分)	资金运营合法性 (40分)	经费来源与资金使用情况合理合法(10分)
			各项财务支出审批符合规定程序(20分)
			基础经费保障(10分)
		资金管理(40分)	经费收支核算流程清楚(10分)
			日常货币资金管理制度(10分)
			货币资金收支详情(20分)
	财政情况 (65分)	财务报告(15分)	财务报告制度建立(5分)
			内部财务报告(5分)
			内部财务信息的可信度(5分)
		财务监督(20分)	监督机制健全(3分)
			财务报表审计报告(5分)
			内部监事会监督(5分)
			社会公众、政府及业务主管部门监督(7分)
		税收与票据管理 (10分)	会计部门定期进行税务登记(5分)
			有票据管理制度(5分)
		项目收支管理 (10分)	项目活动财务支出程序合规(5分)
			项目财务管理制度(5分)
		资金管理(10分)	货币资金管理制度(5分)
			货币资金使用管理(5分)
	档案、证章 管理(20分)	档案管理(6分)	档案管理制度(3分)
			档案保管(3分)
		证书、印章管理 (14分)	证书保管(3分)
			印章管理制度(4分)
			印章保管、使用(7分)

三、工作绩效（320分）

一级指标	二级指标	三级指标	四级指标
工作绩效（320分）	业务管理能力（50分）	业务计划（10分）	业务发展规划(3分)
			年度业务计划(3分)
			业务活动(项目)符合单位宗旨和业务范围(4分)
		业务制度及计划执行情况(10分)	业务活动(项目)管理制度(5分)
			业务活动(项目)工作计划完成情况(5分)
		业务监督、总结与评估(15分)	针对具体活动项目进行评估筛选(4分)
			活动项目中期监督检查(3分)
			活动项目结束后总结、评估(8分)
		业务活动效能（15分）	年(月)活动项目总数(3分)
			每个活动开展平均周期(3分)
			活动项目设计与创新性(9分)
	提供业务服务（70分）	服务的社会定位及能力(20分)	服务的专业技术、能力匹配(10分)
			服务过程的资源保障(5分)
			服务活动的社会定位(5分)
		业务活动服务效果与影响(50分)	业务活动的专业性(10分)
			服务的行业影响力(10分)
			业务活动项目的效果(10分)
			公众对提供服务认可度及对公众的吸引力(20分)
	社会服务（100分）	服务社会(60分)	服务社会大众的活动开展情况(20分)
			在社会面临重大突发事件中所发挥的作用(10分)
			服务社会弱势群体(15分)
			其他服务社会的活动(15)
		承接政府委托项目(40分)	接受政府委托项目和购买服务(30分)
			向政府提出有建设性的建议(10分)
	信息公开和服务承诺（70分）	信息公开建设(15分)	信息公开制度(5分)
			大众查询便捷(5分)
			信息公开建设内容(5分)
		信息公开内容(35分)	单位基本信息(5分)
			收费项目和标准(15分)
			业务活动信息(5分)
			财务审计报告(5分)
			年度工作报告(5分)
		服务承诺(20分)	服务承诺制度(10分)
			承诺服务内容及形式(10分)

一级指标	二级指标	三级指标	四级指标
工作绩效 (320分)	社会宣传与 国际交流 (30分)	社会宣传(10分)	新媒体和网站宣传 (7分)
			刊物资料(3分)
		特色工作(10分)	自我创新特色活动及宣传(10分)
		国际或全国合作与 交流(10分)	国际合作与交流(5分)
			全国性交流及影响(5分)

四、社会评估（200分）

一级指标	二级指标	三级指标	四级指标
社会评估 (200分)	管理部门 评估(50分)	民政部门评估 (25分)	登记管理部门对体育类民办非企业单位登记管理、单位非营利性、财政管理、信息公开、服务社会、服务政府、规范化建设以及自律与诚信度建设的综合评估(25分)
		业务主管部门评估 (25分)	相关业务主管部门对体育类民办非企业单位财务管理、信息公开、服务社会、服务政府、规范化建设以及自律与诚信建设的整体评估(25分)
	内部评估 (40分)	理事评估(20分)	对单位财务管理、创新能力、班子履职、重大事项民主决策和提供服务能力的评估(20分)
		监事评估(20分)	对单位非营利性、财务管理、班子履职、重大事项民主决策、能力建设和规范化管理的评估(20分)
	社会评估 (110分)	一般社会公众评估 (30分)	社会公众对民办非企业单位整体印象评估(30分)
		服务对象评估 (50分)	服务对象对体育类民办非企业单位服务质量、态度、诚信度以及信息公开度和社会影响力综合评估(50分)
		社会媒体、舆论 评估(20分)	社会媒体报道及评估(10分)
			舆论评估(10分)
		获得表彰及奖励 (10分)	政府部门、全国性的社会组织表彰及奖励(10分)

续表

五、特色工作（30分）

一级指标	二级指标	三级指标	四级指标
特色工作（30分）	国内外荣誉（15分）	获得额外奖励项目（15分）	获得自主品牌创建项目创新荣誉（5分）
			工作人员在国内外获得荣誉（5分）
			对中华传统体育文化的传扬与创新做出贡献（5分）
	服务国家重点领域、重点工作（促进共同富裕、应急抢险救灾、深化体教融合工作等）（15分）	工作效果（5分）	工作开展过程及成效（5分）
		各级媒体报道（5分）	获得各级媒体宣传报道（5分）
		表彰、奖励（5分）	政府及相关部门表彰、奖励（5分）

3. 体育类民办非企业单位各项评估指标内涵的说明

根据体育类民办非企业单位既是社会服务机构又是社会公益性机构的特点，我们将体育类民办非企业单位评估体系分为基础条件、内部治理、工作绩效、社会评估、特色工作等五个方面的指标。

（1）基础条件（100分）。

基础条件是指体育类民办非企业单位最基本的机构设置情况，从成立的必备条件展开评估，考察体育类民办非企业单位的合法性与规范性等。

（2）内部治理（380分）。

体育类民办非企业单位作为社会服务机构，内部治理非常重要。所以，内部治理设置了较重的分值权重。体育类民办非企业单位的内部治理主要从领导管理层到工作人员的治理和考核机制，延伸到日常工作运转、财政资金运行管理、诚信建设以及党的建设几个方面进行评估。

（3）工作绩效（320分）。

体育类民办非企业单位工作绩效的评估指标主要从以下三个方面进行：①考察体育类民办非企业单位的业务活动开展情况，提供服务活动的专业性，服务所产生的效果以及影响力；②考察体育类民办非企业单位对政府、社会、公众提供服务的效果与能力；③考察开展各项业务活动全方位信息公开的情况，体现信息的透明度并自觉接受广大公众监督的态度。

（4）社会评估（200分）。

体育类民办非企业单位是社会服务机构，社会评估对其生存和发展至关重要。所以，社会评估加重了分值权重。社会评估主要是考察民政部门、业务主管部门对体育类民办非企业单位非营利性、财政管理、信息公开、服务社会、服务政府、规范化建设以及自律与诚信度建设的整体评估；理事会对内部领导履行职责能力、重大事项的决策力、创新能力、规范化管理的评估；监事会对内部各项活动接受监管的评估；社会公众对服务的质量、态度、诚信度、信息公开度和社会影响力的综合评估，以及社会舆论、媒体报道评估。

（5）特色工作（30分）。

特色工作是为了挖掘体育类民办非企业单位内部个人创造力，鼓励创办特色体育活动，鼓励传承中国体育文化，鼓励在国际社会获得荣誉，扩大国际影响力以及支持、参与、服务国家重点领域、重点工作的情况。

4. 体育类民办非企业单位评估指标体系权重的确定

体育类民办非企业单位评估指标体系仍从基础条件、内部治理、工作绩效、社会评估四个目标层次整体设置权重占比。评估指标分值权重的确定，采用了以下方法。

第一，参考了民政部2010年12月颁布、2011年3月1日施行的《社会组织评估管理办法》和2011年8月民政部修订执行的社会组织评估指标。其中，全国性民办非企业单位评估指标总分值为1 000分：基础条件120分，内部治理360分，工作绩效420分，社会评估100分。

第二，根据实践调研情况获取四川省体育局关于体育社会服务机构（民办非企业单位）的评估指标制定意见，总分仍为1 000分，设置分值分别是基础条件60分，内部治理460分，工作绩效380分，社会评估100分，单独设立了特色工作项30分。可以看出，四川省对体育类民办非企业单位评估指标更侧重于内部治理（460分）；民政部制定的全国民办非企业单位考核指标，侧重于工作绩效（420分）。

第三，查阅参考《中国民间组织评估》一书中，"民办非企业单位评估评分细则"为总分值1 000分：基础条件130分，组织建设270分，诚信建设450分，社会评估150分。

第四，采用德尔菲法，对评估的各项指标加以权重的确定。

总的来说，综合各方面专家意见、体育社会组织管理部门意见、体育类民办非企业单位当下的发展情况，同时结合随机提问调查征求民众意见情况，得出各项评估指标权重具体分值。即：总分值为1 030分，基础条件100分，内部治理380分，工作绩效320分，社会评估200分，特色工作30分。

（二）体育类民办非企业单位评估等级的划分

民政部颁布并于2011年3月1日实施的《社会组织评估管理办法》，是对社会组织规范发展与管理的具体实施文件，明确提出了对社会组织评估等级管理问题，对体育类民办非企业单位评估指标体系构建和评估等级划分也具有借鉴参考价值。所以，我们把体育类民办非企业单位评估划分为5个等级，由高到低依次为5A、4A、3A、2A、1A，依次对应的是优秀、良好、合格、基本合格、不合格。其中，评分具体如下：900分及以上为5A，800～900分为4A，600～800分为3A，400～600分为2A，400分以下为1A。具体标准见表5-4。

表5-4 体育类民办非企业单位评估等级标准

等级	评估分值	评估标准
5A（AAAAA）	900分及以上	优秀
4A（AAAA）	800～900分	良好
3A（AAA）	600～800分	合格
2A（AA）	400～600分	基本合格
1A（A）	0～400分	不合格

　　与体育社团一样，通过评估的体育类民办非企业单位可获得不同的等级证书，获得3A级及以上的体育类民办非企业单位可以优先承接政府转移的公共职能，优先获得政府购买服务的资格，优先享有政府的优惠政策和奖励。但若在年检中连续两年不合格，则取消3A级及以上等级；在评估过程中提供虚假评估材料以及作弊的，取消获评资格，直接定为1A级，并且连续两年1A级，责令停业整改，整改后经相关部门验收合格，才能再次运营和参与评估。

二、体育类民办非企业单位治理机制构建

（一）体育类民办非企业单位外部治理机制构建

1. 确立体育类民办非企业单位法律地位

　　体育类民办非企业单位的治理方面，目前，仅有国务院颁布的《民办非企业单位登记管理暂行条例》（1998年）和国家体育总局、民政部颁布的《体育类民办非企业单位登记审查与管理暂行办法》（2000年），其内容已落后于体育类民办非企业单位发展的现实情况。因此，明确体育类民办非企业单位的合法身份、把握体育类民办非企业单位的特征、确定体育类民办非企业单位的主体地位和新治理模式，是构建体育类民办非企业单位外部治理机制的前提条件。

　　2016年，《中华人民共和国慈善法》将民办非企业单位改为社会服务机构；2017年，《中华人民共和国民法总则》将民办非企业单位改为社会服务机构；2020年，考虑到长期以来，行政管理法规中，"民办非企业单位"采用的是否定式的表述，因含义模糊、定义不清、与国际命名惯例不一致而饱受争议，《中华人民共和国民法典》将"民办非企业单位"改为"社会服务机构"。体育类民办非企业单位也可以更改为体育类社会服务机构，将之前体育类民办非企业单位法律地位不清楚的问题纳入了民事主体之中，有助于提升社会对体育类民办非企业单位的接受度。法律上给予的关注度和积极推

进体育类民办非企业单位制度构建，可以使体育民办非企业单位更积极地为社会提供公共体育服务。但是，《社会服务机构登记条例》仍未发布，只有确立了体育类民办非企业单位的法律地位、明确治理结构的构建、完善监督管理机制，体育类民办非企业单位才能走上积极发展的道路。

2. 出台专门的体育类民办非企业单位扶持政策

目前，《民办非企业单位登记管理暂行条例》《体育类民办非企业单位登记审查与管理暂行办法》是体育类民办非企业单位的法律依据。但是，已经实施的政策和法规尚未有专门针对体育类民办非企业单位的条款，它们都与体育社团和体育基金会一起陈述，忽视了体育类民办非企业单位的特殊性和实质性。政府主管部门需要加强与体育类民办非企业单位的沟通和联系，了解具体情况，制定有针对性的政策措施，从政策上支持、扶持其健康发展。

由于登记门槛较高、审批复杂，体育类民办非企业单位的建立和发展存在诸多困难；并且，由于体育类民办非企业单位的非营利性质，投资后收益较少，影响了社会民间力量投资的积极性。因此，政府可以通过各种手段鼓励和支持体育类民办非企业单位的发展，在政策上放宽体育类民办非企业单位的审批条件，赋予体育类民办非企业单位发展的自主性，让社会发现体育类民办非企业单位的发展前景，让社会力量积极参与办好体育类民办非企业单位。[1]

3. 探索多元化合作治理模式

体育类民办非企业单位具有非营利性特征、公益性特征，弥补了政府与市场之间的空缺，协调了体育公共资源的配置，满足了人们对不断增长的公共体育产品的需求。根据埃莉诺·奥斯特罗姆提出的多中心治理理论，在公共治理领域，体育类民办非企业单位需要与政府、市场和社区合作，建立多元化的体育服务合作模式，同时也是一种多元化的外部治理模式。多个主体共同参与公共资源管理，避免了一方滥用权力，能有效地进行相互制约。只有构建了完善的多元主体合作模式，体育类民办非企业单位才能调动其他社会资源来进行体育类公共事务的治理，同时也促进群众和其他社会组织参与的积极性与主动性。

除了参与治理的多元化合作模式外，体育类民办非企业单位还应积极探索多渠道参与治理的可能性。在接受新闻媒体与主管部门监督的前提下，积极接受人民群众的监督与意见反馈，让广大人民群众参与体育类民办非企业单位的治理，进一步加强外部治理渠道的多样化，弥补外部治理机制的不足，使体育类民办非企业单位更好地为社会提供公共体育服务和产品，实现体育类民办非企业单位的可持续发展。

① 刘洋,钱建东,邸慧君,等.体育类民办非企业单位发展困境研究[J].体育文化导刊,2017(07):24-28.

（二）体育类民办非企业单位内部治理机制构建

1. 明确章程的内部治理地位

在体育类民办非企业单位的内部治理过程中，体育类民办非企业单位章程（简称章程，见附1.2）对体育类民办非企业单位的行为、目的有着明确的规定，并严格要求组织内部人员按照章程规定的目的进行活动。章程是"民办非企业单位必须具备的、由组织的设定人或出资者指定的，对组织、出资者或设定人、管理者都具有一定约束力的，调整组织内部关系和管理行为的自治规则"①。

章程也属于一种规范性文件，对体育类民办非企业单位管理者和从业人员都具有法律约束力。我国章程的性质为"法人内部自治的法规"。《民办非企业单位登记管理暂行条件》第十条规定，"民办非企业单位的章程应包括下列事项：第一，名称、住所；第二，宗旨和业务范围；第三，组织管理制度；第四，法定代表人或负责人的产生、罢免的程序；第五，资产管理和使用的原则；第六，章程的修改程序；第七，终止程序和终止后资产的处理；第八，需要由章程规定的其他事项"。章程的内容是体育类民办非企业单位取得法人资格的基础内容，明确了体育类民办非企业单位的法律地位，确立了管理体制②；明确了组织内部各相关人员的权责划分，为管理活动提供了行为依据；也是体育类民办非企业单位在日常行为活动中的依据，更是体育类民办非企业单位社会公信力和内部治理的法律依据。因此，体育类民办非企业单位在成立之初就要制定好章程，并赋予章程在内部治理中的法律地位，遵照执行。

2. 加强理事会决策职能

理事会的作用因组织类型不同而有所差异，非营利组织的理事会规模通常比营利组织的规模要大。民办非企业单位的法律定位与社会团体不同，属于捐助法人而非社团法人。理事会通常在民办非企业单位中起到决策或咨询作用，当理事会起到决策作用时，理事会的功能与企业中的理事会类似。所以，在体育类民办非企业单位中，理事会应当被作为决策机构以发挥它的最大作用，并直接向章程负责。

同时，在严格遵守章程制度和排除法人资产收益等利益相关的前提下，理事会可以接纳部分发起人或者捐赠人共同进行体育类民办非企业单位的决策事务，并享受与理事会成员相同的权利。理事会的权责划分可以借鉴美国慈善法中法人权责的划分，这也符合我国对民办非企业单位修改为社会服务机构，并将其归类为慈善组织的做法。美国慈善法中对法人权责划分为"投资与再投资、支出费用、出租和出售、谈判妥协、仲裁或

---

① 俞琳,曹可强,沈建华,等.非营利性组织在公共体育服务中的作用[J].体育科研,2008(02):42-46.
② 孙璐.体育类民办非企业单位的治理研究[D].北京:北京体育大学,2016.

和解争议、投资股票等，而这一系列的权限均来源于实现慈善组织目的的初衷"①。所以，理事会向章程负责，是章程条例的体现和维护，而理事会的权限和目的也应该紧密围绕章程的初衷和章程实现的目标而运行。

3. 充分发挥监事会监督职能

体育类民办非企业单位在自身运行发展中，设置自身的监督机构是十分合理且非常必要的。《中华人民共和国民法典》明确规定了坚持非营利性是民办非企业单位（社会服务机构）依法运行的基本要求。如果社会过多地干预，会使体育类民办非企业单位丧失活力，限制其自由，使得体育类民办非企业单位难以发挥满足社会公共体育服务需求的作用。因此，内部监事会的设立对体育类民办非企业单位是十分必要的，有助于体育类民办非企业单位保证自身的廉洁性，更好实现社会公共治理，获得政府与人民群众的信任，走可持续发展道路。当然，监事会成员组成应该有侧重地选取，以保证监事会成员主体的多元化，提高监事会参与体育类民办非企业单位内部治理的积极性、有效性。

4. 建立高效信息沟通渠道

在体育类民办非企业单位内部治理的过程中，信息的上传下达与披露机制影响体育类民办非企业单位管理人员的决策效率与决策质量，信息是否畅通决定了体育类民办非企业单位处理内部事务的效率。因此，建立高效的信息沟通渠道、开放型的信息共享模式，可以极大地缓解信息不对称给体育类民办非企业单位的负面影响。从而，可以及时搜集外部和内部信息，及时掌握体育类民办非企业单位在运营中出现的各种状况，帮助管理人员做出正确决策，规避风险，防止重大事故的发生，提升体育类民办非企业单位的治理效率。

第四节　体育基金会评估指标体系及治理机制构建

一、体育基金会评估指标体系构建

基金会是一种非营利性、公益性的社会组织。基金会是利用法人、自然人或者其他组织捐赠的财产，以从事公益事业为目的，是通过募捐和再资助的形式对社会财富进行再分配的社会组织形式。体育基金会是以围绕体育事业的发展和资助退役困难运动员、伤残运动员，扶持体育弱势群体为主要活动的公益性社会组织。因此，对体育基金会的评估也主要应该是对体育基金会开展体育公益事业活动的状况、能力、绩效、影响，产生的社会价值、经济价值等进行评估、判断。其中，一个重要的评估标准就是组织内部运作的透明度、社会透明度和社会公信力，主要是以捐赠财产、资金的管理和使用为核心。假若不公开、不透明化地管理，就很难获得社会公信力，很难募

---

① 弗莱蒙特·史密斯. 非营利组织的治理:联邦与州的法律与规制[M]. 金锦萍,译. 北京:社会科学文献出版社,2016.

集到资金用于开展各类公益活动。为了确保体育基金会募集资金、接受捐赠的合法性、透明性，需要评估体育基金会开展公益活动的能力与社会诚信，从而保证公益目的是否能够最终落实。

（一）体育基金会评估指标体系组成

1. 体育基金会评估指标的选取

体育基金会评估指标的选取包括以下五大类。

一是政策性指标。政策性指标主要包含国务院，民政部，国家体育总局，各省（自治区、直辖市）、地方政府和体育局的方针、政策、法律法规，以及对体育事业的发展规划、计划等方面的要求。

二是财政性指标。财政性指标主要包含组织内部资金筹集的能力、运营收支平衡、财政资金投放活动产生的效果、财务信息公开程度与财政信息的可信度。

三是社会性指标。社会性指标主要包括外界对组织内部管理工作人员评价、整体服务评价、新闻媒体评价、社会公众口碑评价、参加社会公益活动次数与影响力等。

四是社会服务能力指标。社会服务能力指标主要包括民非组织管理能力、活动项目运行能力、组织活动服务能力、突发应急事件处理能力、社会人际交往能力等。

五是组织结构组成指标。组织是否具有正规性、合法性、法人法定代表设置、常务理事会构成、监事会组成、办公专业化程度与基础配套设施、党组织建设与党员培养等。

同时，因为体育基金会需要吸纳社会的捐赠，信息要公开，特别是资金收入、支出信息公开非常重要。所以，增加了"内部治理"指标权重，着重提高了"资金运营与管理""财务信息公开"考核指标分量。

2. 体育基金会评估指标体系表的设计

体育基金会评估指标体系表的设计程序和方法同体育社团。体育基金会评估指标体系表共分五部分：第一部分，基础条件90分；第二部分，内部治理400分；第三部分，工作绩效360分；第四部分，社会评估150分；第五部分，特色工作30分，共1 030分。具体见表5-5。

表5-5 体育基金会评估指标体系表（总分值1 030分）

一、基础条件（90分）

一级指标	二级指标	三级指标	四级指标
基础条件（90分）	法人资格（35分）	法定代表人（10分）	选取程序（5分）
			任职资格（5分）
		原始基金（15分）	银行账户资产（10分）
			年末净资产（5分）
		办公条件（10分）	挂牌牌匾名称（3分）
			办公设备（3分）
			办公用房（4分）

续表

一级指标	二级指标	三级指标	四级指标
基础条件 （90分）	章程 （20分）	章程制定（修改） （10分）	基金会章程制定或修改程序（10分）
		章程核准（10分）	基金会章程经登记管理机关核准情况（10分）
	变更登记 与备案 （15分）	变更登记（5分）	名称、业务范围、住址、法定代表人、类型、原始基金数额、业务主管单位等变更登记情况（5分）
		备案范围（10分）	印章使用（2分）
			主要负责人（3分）
			理事、监事（3分）
			基金会突发大事件备案存档（2分）
	遵纪守法 （20分）	年度检查（5分）	参检时间（2分）
			年检结论（3分）
		遵守国家法律法规和政策（10分）	是否遵守国家法律法规和政策（10分）
		重大事项报告（5分）	重大事项报告制度（3分）
			制度执行情况（2分）

二、内部治理（400分）

一级指标	二级指标	三级指标	四级指标
内部治理 （400分）	组织机构 （60分）	基金会工作人员 （10分）	基金会工作人员专业性人才占30%（3分）
			基金会工作人员学历情况（3分）
			基金会正式员工人数占50%（4分）
		领导班子配备 （10分）	基金会负责人产生程序与履职情况（6分）
			秘书长专兼职情况（4分）
		领导班子能力建设 （20分）	领导层年度绩效考核情况（5分）
			领导者社会交往能力（5分）
			管理层成员思想品德素质（5分）
			领导者决策力与获取业务活动能力（5分）
		专业会计人员管理 （20分）	专业会计人员配备（10分）
			专业会计人员岗位职责明确（5分）
			专业会计人员合理变更（5分）

一级指标	二级指标	三级指标	四级指标
内部治理（400分）	人力资源管理（30分）	人事制度管理（20分）	人员聘用程序（3分）
			劳动合同签订（3分）
			社会保险（3分）
			员工定期培训（6分）
			住房公积金及奖惩制度（5分）
		志愿者管理（10分）	志愿者管理制度（3分）
			志愿者队伍建设（3分）
			志愿者发挥作用情况（4分）
	理事与监事管理（55分）	理事与理事会（35分）	理事会产生、罢免情况（5分）
			理事会按时换届情况（2分）
			理事会召开次数（3分）
			会议纪要（2分）
			事项表决程序与方式（5分）
			理事会人数（3分）
			理事会发挥作用情况（8分）
			理事领取报酬情况（3分）
			近亲属关系理事数量（2分）
			离退休领导干部兼职和领取报酬情况（2分）
		监事或监事会（20分）	监事会设置情况（5分）
			监事发挥作用情况（8分）
			监事出席理事会议情况（5分）
			监事领取报酬情况（2分）
	基金会日常工作机构（10分）	工作运转（10分）	各部门工作运转情况（3分）
			办事机构设置合理（3分）
			员工职责明确、工作积极（4分）
	党的建设（50分）	党组织管理（10分）	基金会内部党组织设置（5分）
			党建工作开展情况（5分）
		党员管理（25分）	党员发挥作用（10分）
			表彰奖励（5分）
			党费收缴使用（5分）
			流动党员管理（5分）

续表

一级指标	二级指标	三级指标	四级指标
内部治理 （400分）	党的建设 （50分）	制度落实（15分）	党建进章程（5分）
			"三会一课"制度（5分）
			组织生活、民主评议党员制度（5分）
	资金运营 与管理 （100分）	资金运营合法性 （15分）	基金会经费来源合法性（5分）
			基金会各项财务支出审批制度（5分）
			基金会基础（原始）资金保障（5分）
		资金管理（35分）	经费收支核算、流程规范（10分）
			经费核算材料档案管理（5分）
			货币资金管理制度（10分）
			货币资金使用（10分）
		公益项目收支管理 （20分）	公益项目财务管理制度（5分）
			捐赠协议签订（3分）
			限定性捐赠（2分）
			非货币捐赠（2分）
			项目资金使用（5分）
			项目支出（3分）
		实物和无形资产 管理（10分）	公益项目专项审计（5分）
			资产管理制度（5分）
		投资管理（14分）	资产使用（3分）
			投资管理制度（3分）
			投资管理（3分）
			投资收益（5分）
		关联方关系及交易 （6分）	关联方及关联方管理制度（3分）
			关联方及关联方交易管理（3分）
	财务信息 公开 （75分）	财务报告（30分）	财务报告制度建立（5分） 年终财务报告（10分）
			基金会内部财务信息公开制度（5分）
			基金会内部财务信息的可信度（10分）
		财务监督（25分）	监督机制健全（5分）
			基金会财务报表审计（10分）
			基金会内部监督（5分）
			社会公众、政府及业务主管部门监督（5分）

续表

一级指标	二级指标	三级指标	四级指标
内部治理 （400分）	财务信息 公开 （75分）	税收与票据管理 （20分）	纳税情况（6分）
			捐赠票据管理情况（4分）
			捐赠票据使用制度（10分）
	档案、证章 管理 （20分）	档案管理（5分）	档案管理制度（3分）
			档案管理情况（2分）
		证书管理（5分）	证书保管（2分）
			证书悬挂（3分）
		印章管理（10分）	印章管理制度（3分）
			印章保管、使用（7分）

三、工作绩效（360分）

一级指标	二级指标	三级指标	四级指标
工作绩效 （360分）	社会捐赠 （30分）	年度捐赠收入 （20分）	近两年基金会接受捐赠总收入（20分）
		年度人均接受 捐赠金额（10分）	近两年基金会年度人均接受捐赠金额（10分）
	公益活动 规模和效 益（10分）	公益支出水平 （5分）	公益事业支出水平（5分）
		工作人员工资福 利和行政办公支 出比例（5分）	工资福利和行政办公支出占当年总支出的比例（5分）
	战略与计 划（15分）	战略规划（5分）	明确的战略规划（5分）
		年度计划与实施 （10分）	年度工作计划及实施（5分）
			年度工作计划与战略匹配（5分）
	项目开发 与运作 （100分）	项目的公益性 （20分）	项目符合公益性原则（10分）
			与捐赠人是否存在利益关系（5分）
			选择受益对象时是否体现了公平、非特定的公益原则（5分）
		项目的规范性 （40分）	项目管理制度（5分）
			项目立项（5分）
			项目实施（5分）
			项目监督检查（5分）
			项目总结与评估（5分）
			项目符合宗旨和业务范围（8分）
			专项基金下设立的项目是否纳入基金会统一的项目管理（7分）

三、工作绩效（360分）

一级指标	二级指标	三级指标	四级指标
工作绩效（360分）	项目开发与运作（100分）	项目的专业性（10分）	体育社会问题的针对性（5分）
			体育专业技术水平（5分）
		创新性和可积累性（10分）	项目的创新性（5分）
			项目持续发展和积累（5分）
		项目社会效益（20分）	受益方数量、范围及受影响程度（10分）
			参与方（如志愿者、捐赠人）的数量、范围及受影响程度（5分）
			无负面影响（3分）
			对捐赠者、受助者恰当的隐私保护（2分）
	活动能力及影响力（40分）	业务活动效率能力（20分）	年（月）活动项目总数（5分）
			每项活动开展平均周期（5分）
			活动项目创新性（10分）
		业务服务专业性（10分）	专业技术服务能力匹配（5分）
			基金会活动服务的社会定位（5分）
		业务活动服务效果以及产生的影响（10分）	基金会服务的行业影响力（5分）
			基金会业务活动项目影响力（5分）
	提供社会服务（100分）	基金会服务社会（65分）	社会公益活动开展情况（对退役运动员、伤残运动员、现役运动员困难资助等）（20分）
			其他体育公益事业支持、资助情况（30分）
			在社会面临重大事件中所发挥的作用（15分）
		基金会服务政府（10分）	基金会参与制定相关法律法规及政策文件（5分）
			向政府提出有建设性的政策建议（5分）
		基金会服务受益人（25分）	受益人对基金会文化与宗旨的认可度（5分）
			基金会工作人员与受益人联系是否紧密（5分）
			基金会受益人满意度（5分）
			基金会受益人年均增长比例（5分）
			基金会受益人参与活动的积极性（5分）
	政务信息公开（45分）	信息公开制度及管理（20分）	内部服务承诺制度（3分）
			信息公开管理制度健全（3分）
			社会大众查询信息便捷（4分）
			专人管理（3分）
			信息公开渠道多样（4分）
			网络建设（3分）

续表

三、工作绩效（360分）

一级指标	二级指标	三级指标	四级指标
工作绩效 （360分）	政务信息 公开 （45分）	公开内容（25分）	基金会各项活动收费内容与标准（5分）
			组织机构信息（2分）
			组织运作管理信息（2分）
			年度工作报告（3分）
			财务审计报告（3分）
			接收捐赠情况（3分）
			资金使用情况（5分）
			公益项目信息（2分）
	社会宣传 与交流 （20分）	基金会宣传工作 （10分）	新闻媒体报道（3分）
			刊物和宣传资料（2分）
			内部自我创新特色活动宣传（2分）
			内部文化建设宣传（3分）
		基金会国内外活 动交流（10分）	国内活动项目交流（5分）
			国外活动项目交流及其影响力（5分）

四、社会评估（150分）

一级指标	二级指标	三级指标	四级指标
社会评估 （150分）	管理部门 评估 （50分）	管理登记机关评估 （25分）	登记管理部门对体育基金会登记管理、单位非营利性、财政管理、信息公开、服务社会、服务政府、规范化建设以及自律与诚信度建设等方面的综合评估（25分）
		业务主管部门评估 （25分）	业务主管部门对基金会财政管理、信息公开、服务社会、服务政府、规范化建设以及自律与诚信建设、社会公信力等方面的整体评估（25分）
	内部评估 （40分）	理事评估（20分）	对基金会班子履职、秘书长工作、民主决策、筹资能力等方面的评估（20分）
		监事评估（20分）	对基金会非营利性、财务管理、班子履职、重大事项民主决策、能力建设和规范化管理的评估（20分）
	外部评估 （60分）	社会公众评估 （20分）	社会公众对基金会整体印象评估（15分）
			社会舆论、媒体评估（5分）
		基金会受助者和捐 赠人评估（25分）	受助者对基金会服务质量、态度、诚信度的评估（10分）
			捐赠人对基金会服务质量、态度、诚信度以及信息公开度、项目效果满意度和社会影响力评估（15分）
		综合评估（15分）	政府部门与全国性基金会对其表彰及奖励（5分）
			受相关政府部门警告、罚款、没收非法所得、限期停止活动等行政处罚（10分）

五、特色工作（30分）

一级指标	二级指标	三级指标	四级指标
特色工作（30分）	国内外荣誉（15分）	获得额外奖励项目（15分）	获得全国基金会自主品牌创建项目评比创新荣誉奖（10分）
			基金会内部人员在国内外大型评比中获得荣誉（5分）
	服务国家重点领域、重点工作（促进共同富裕、应急抢险救灾、深化体教融合工作等）（15分）	工作效果（10分）	工作计划、开展过程、成效（10分）
		媒体宣传及表彰（5分）	各级别宣传报道、政府部门的表彰奖励（5分）

3. 体育基金会各项评估指标内涵的说明

我们将体育基金会评估体系也分为基础条件、内部治理、工作绩效、社会评估、特色工作等五个方面的指标。

（1）基础条件（90分）。

基础条件指体育基金会最基本的机构设置情况和基本条件，包括成立的必备条件，人员条件、物资条件、资金条件，考察体育基金会的合法性与规范性等。

（2）内部治理（400分）。

体育基金会的内部人员素质、责任担当等非常重要。因此，内部治理的分值确定为最高。内部治理主要包括从体育基金会领导管理层到工作人员的管理治理机制考核，即对内部组织机构、人事管理、人员素质、遵纪守法、道德品质、诚信、领导成员、党的建设、财政与资金运营管理情况等进行考核。

（3）工作绩效（360分）。

工作绩效主要从体育基金会接受捐赠情况、公益性业务活动开展情况、提供服务活动的专业性等方面，对政府、社会、公众提供服务的效果与能力的综合考核评估。其中，工作绩效也设置了计划与公益使命担当，即为服务社会和扶持弱势群体等慈善事业做出的贡献等，具有目标导向的作用。

（4）社会评价（150分）。

作为基金会，社会评价很重要，要得到社会个人和团体的捐赠、捐助，就必须要有好的社会口碑，得到社会公众的认可、信任，才能募集到更多资金。所以，一是先设置了民政部门、业务主管部门对体育基金会登记管理、单位非营利性、财政管理、信息公开、服务社会、服务政府、规范化建设以及自律与诚信度建设等的整体评估；二是设置了捐赠人、受助人的评估以及社会公众、媒体舆论对体育基金会开展公益活动和公益资助等的总体评估。

（5）特色工作（30分）。

特色工作是指体育基金会内部个人的创造力，鼓励国内外交流与创新，鼓励获得荣誉，扩大我国体育公益事业影响力以及基金会参与、支持、服务国家重点领域、重点工作的情况。

4.体育基金会评估指标体系权重的确定

体育基金会评估指标体系仍从基础条件、内部治理、工作绩效、社会评估等四个目标层次整体设置权重占比。评估指标分值权重的确定，采用了以下方法。

第一，参考了民政部2010年12月颁布、2011年3月1日施行的《社会组织评估管理办法》和2011年8月民政部修订的社会组织评估指标。其中，全国性基金会评估指标总分值为1 000分：基础条件90分，内部治理370分，工作绩效440分，社会评估100分。

第二，查阅《中国民间组织评估》[①]一书中，"全国性基金会评估评分细则"为总分值1 000分：基础条件130分，组织建设270分，工作绩效450分，社会评价150分。

第三，采用德尔菲法，对评估的各项指标加以权重的确定。

总的来说，以政策文件为依据，根据对不同地区、不同类型基金会评估指标的考量，借鉴参考各类社会组织评估指标体系，综合多方面专家意见、体育社会组织管理部门意见及我国体育基金会当下的发展情况，得出各项评估指标权重具体分值。即：总分值为1 030分，基础条件90分，内部治理400分，工作绩效360分，社会评估150分，特色工作30分。

（二）体育基金会评估等级划分

与体育社团和体育类民办非企业单位一样，我们把体育基金会评估也划分为5个等级，由高到低依次为5A、4A、3A、2A、1A，依次对应的是优秀、良好、合格、基本合格、不合格。其中，评分具体如下：900分及以上为5A，800～900分为4A，600～800分为3A，400～600分为2A，400分以下为1A。具体标准见表5-6。

表5-6　体育基金会评估等级标准

等级	评估分值	评估标准
5A（AAAAA）	900分及以上	优秀
4A（AAAA）	800～900分	良好
3A（AAA）	600～800分	合格
2A（AA）	400～600分	基本合格
1A（A）	0～400分	不合格

---

① 国家民间组织管理局.中国民间组织评估[M].北京:中国社会出版社,2007.

与体育社团、体育类民办非企业单位一样，通过评估的体育基金会可获得等级证书，获得3A级以上的体育基金会可以优先享有政府的优惠政策和奖励，获得相关荣誉称号等无形资产。但若在年检中连续两年不合格，则取消3A级及以上等级；在评估过程中提供虚假评估材料以及作弊的，取消获评资格，直接定为1A级；并且连续两年1A级，责令整改，整改后经相关部门验收合格，才能再次运营和参与评估。

二、体育基金会治理机制构建

（一）体育基金会外部治理机制构建

体育基金会在外部治理环境的构成上主要有《基金会管理条例》《中华人民共和国慈善法》《关于改革社会组织管理制度促进社会组织健康有序发展的意见》等文件法规，政府主管部门监管、社会大众舆论监督、捐赠者监督等。在我国当前制度背景下，捐赠人在捐赠意愿、捐赠行为，基金会在资助的对象上都有各自的特殊性。相比较国有企业自身内部基金会而言，非营利性组织基金会具有更少考虑捐赠人相关的利益诉求，对资助对象的持续时间也更为长久，从事公益、慈善行为的目的也更为纯粹等特点。体育基金会在外部治理机制上可采取以下措施和办法。

1. 建立政府监管体系

体育基金会的健康发展，离不开政府建立的有效监管体系，否则整个体育基金会运行将会处于无法可依、无章可循的无序状态，甚至造成挪用、贪污等腐败行为，降低社会对体育基金会的信任度，损害自身利益、社会利益。

首先，政府应建立完备的体育基金会社会监察方式，建立体育基金会的行为规范及监控体系，建立体育基金会信息化大数据平台，培养体育社会组织的社会监察执法力量；并针对当下体育基金会与多方面联动性强、资金监管机制尚不完善的特点，建立多方面多部门联合监督机制，以便政府及监督部门能及时查处体育基金会的违规行为，维护体育公益事业良好的社会信誉和秩序。

其次，体育基金会的财产多来自社会组织或个人力量的捐赠，只有获得社会的信任，承担社会责任，才能得到更多的社会捐赠，体育基金会才能持续发展。所以，政府要出台监管方面的法律法规，保证群众，特别是捐赠人对基金会收入、支出的知情权，在章程中对体育基金会的监管体系予以确立，在建立监管问责机制的同时，建立激励机制，这样才能有利于体育基金会的良性发展。

2. 建立公开透明的信息制度

体育基金会应做到信息公开，应披露关于捐赠活动、捐赠人、受赠人（特殊情况需保密的除外）和物品资金使用的情况。其中，捐赠活动中物品、资金的使用信息尤为重要，这就要求体育基金会在信息公告时要详尽披露社会捐赠款项的使用情况。例如，捐助资金的来源、捐助资金进入体育基金会后使用流向以及相关证明信息等，及时公告在信息栏中，并以法律法规的形式确立这项规定。我国现有法律法规就无明确规定具体公开的内容，部分基金会不愿公开这些信息内容，降低了体育基金会的社会公信力。

3. 发挥网络媒体的社会监督作用

网络时代，媒体的监督发挥越来越多的作用，网络信息更具有快速、便捷、传播范围广等优点，应当充分利用网络平台的便捷性、时效性，将信息予以及时公开，以便接受社会监督。体育基金会可以建立体育基金会信息数据库，只要是方便群众查看的公示方式都应积极采纳，加速我国体育基金会信息公开化进程；也可以通过网络媒体等权威性较高的渠道将开展的活动、善款物资使用信息进行公开和说明。将网络媒体社会监督纳入体育基金会多元化监督模式，为体育基金会的信息公开监督体系发挥更大的作用。

此外，体育基金会不仅要及时公开捐赠活动的各项信息，还应保证信息的真实有效性，对于虚假活动信息或隐瞒重大信息的行为，应当承担一切可能发生的法律后果。

4. 会计（审计）事务所的选择

体育基金会在建立审计治理机制上，应尽量选择高水平、较大型的第三方审计机构。因为较大型的第三方审计机构拥有更为丰富的审计经验，有能力应对更为复杂的情况，有助于发挥更好的监督作用；较大型的第三方审计机构更为重视声誉带来的无形资产，出现审计失败或失误的情况少于小型审计机构；出于维护声誉方面的考虑，较大型的第三方审计机构会提供高效的、高质量的审计服务。

（二）体育基金会内部治理机制构建

当前，我国体育类基金会内部已普遍建立了理事会和监事会。理事会和监事会的治理有效性在体育类基金会的内部治理中非常重要。将体育基金会的理事会和监事会作为重点治理机构：一是因为体育基金会和其他社会体育组织一样，理事会和监事会是内部治理机构的重要组成部分，具有高度的自治性；二是相关法律法规赋予了基金会理事会和监事会的权利，在社会监督机制还不够完善的情况下，监事会的功能和作用就更加重要了。因此，在体育基金会内部治理中要加强理事会和监事会的建设，并充分发挥好它们的作用。

1. 适中或较大的理事会规模

《基金会管理条例》第二十条规定："基金会设理事会，理事会人数为5人至25人，理事任期由章程规定，但每届任期不得超过5年。理事任期届满，连选可以连任。""用私人财产设立的非公募基金会，相互间有近亲关系的基金会理事，总数不得超过理事总人数的1/3；其他基金会，具有近亲关系的不得同时在理事会任职。"第二十一条规定："理事会是基金会的决策机构，依法行使章程规定的职权。"这个规定是比较科学的。

第一，理事会是享有实体性权利的决策机构。理事会对内负责体育基金会的管理，对外代表体育基金会组织，是章程的践行者。理事会具有高度自治性，主要承担制定政策和最终决策，对体育基金会负有最终责任，是体育基金会组织的核心。适中或较大的理事会可以起到听取多方面人士意见的作用，集思广益，更有利于决策的科学性。

第二，体育基金会的主要功能是为社会服务，也遵循绩效评估原则。在体育基金会的内部治理中，小型规模的理事会虽然占用体育基金会的资源更少，但能筹集到的项目资金也相对减少。理事会成员数量较多时，可以获得更多的信息和资源，筹集更多的资金，为体育基金会带来更多的发展机会，提升基金会的工作绩效，有利于扩大基金会的影响力。

第三，体育基金会的理事会规模相较于同等社会组织理事会规模较大时，所拥有的经验和认知也将更为丰富。在做好社会慈善的同时，理事会成员拥有的知识和信息涉及面更广，具有较强的互补性[1]。

2. 充分发挥监事会的监督作用

根据我国的实际情况，基金会的捐赠者通常缺乏监督基金会运作的能力和动机，基金会的受益者更没有主观意愿和能力去监督基金会的运作。这就使得基金会这一社会组织内部的公平、公开、公正的监督机制尤为重要。《基金会管理条例》中明确规定："基金会设监事，监事依照章程规定的程序检查基金会财务和会计资料，监督理事会遵守法律和章程的情况。监事列席理事会会议，有权向理事会提出质询和建议。"我们应当充分发挥基金会内部监事会的监督作用。

监事会在应对基金会内部监督治理问题时，可以采取以下办法。

第一，增加监事会人数，引入社会代表加入监事会，以协助体育基金会日常监督工作，更多地发挥监事会的监督作用，提升监事会的独立性和专业性。[2]目前，我国体育基金会缺乏这方面的专业性人才，可以借鉴"法人监事"与"自然人监事"的监事互补模式。法人监事指会计事务所、审计事务所这种专业性较强的第三方机构，具有独立性、可靠性、专业性的优点，在监督体育基金会运转上更为客观。自然人监事指具有民事主体资格的个人，让他们进行监督，具有收费低、灵活性强等特点。

第二，目前的体育基金会中，理事会与监事会人数规模不相匹配，并且监事会成员由理事会选举产生，使监事会难以行使监督权。建议规定体育基金会监事会成员最低不

---

[1] 颜克高. 公益基金会的理事会特征与组织财务绩效研究[J]. 中国经济问题，2012(01)：84-91.

[2] 吴远霞. 我国慈善基金会监管法律制度研究[D]. 贵阳：贵州大学，2016.

能少于3人，将监事会人员产生法定化而不是由理事会选举产生，并按体育基金会规模和实际运转情况酌情增加人数，以保证监事会的独立性和监督机制的正常运转。

第三，在体育基金会的实际运转中，监事会的职权并没有明确的法律规定，导致了监事会在体育基金会中没有实权。我们可以将监事会的职权法定化并增加监事会的职权，这样，才更有利于提高监事会在体育基金会内部治理中的地位，保证其监督的有效性。

3. 着力提高财务人员素质

在体育基金会内部治理中，为了规避财务风险，大部分体育基金会追求资金稳定、安全。所以，体育基金会的理财管理能力的提高也是内部治理不可缺少的一环。我们要着力提高财务人员的思想素质、专业素质、财务管理能力、责任心和遵纪守法的行为习惯，管理好财务，当好家。

4. 加强体育基金会自身制度建设、诚信道德建设

体育基金会负责人要严于律己，加强学习，不断提高自身素质，增强法律意识、诚信意识和社会责任感，完善基金会自身内部规章制度，并着力提高职工道德素质、法律法规意识和遵纪守法的自觉性。体育基金会特别要注意完善信息公开化、透明化制度，及时向社会告知自身行为情况及捐赠资金的来源与去向，并请审计机构开具审计证明予以公布；主动接受政府部门、社会大众、媒体舆论、捐赠人的监督，赢得社会对基金会的信赖、尊重和支持，提升自身社会公信力。

第五节　体育社会组织治理机制构建把握的问题

我们把体育社团、体育类民办非企业单位、体育基金会这三大类体育社会组织作为一个整体来考量时，在治理机制构建中，还须从宏观上把握以下几个问题。

一、奖励与淘汰并重

体育社会组织通过评估，划分为五个等级，即：优秀、良好、合格、基本合格、不合格，我们可以根据评估的五个等级情况，运用奖励与淘汰制度，优胜劣汰。对于评估考核优秀的体育社会组织给予相应的等级，并颁发荣誉证书和牌匾，以及政府优惠政策和财政倾斜，同时鼓励其他体育社会组织向优秀学习。对于那些评估考核分数不合格以及社会影响力低、有负面舆论影响的体育社会组织，停止运营，取消资格。若奖励与淘汰制度能很好执行，将更好地整合社会体育资源，使其充分发挥作用，培育更多的优秀体育社会组织，为我国体育事业做出更大的贡献。

二、内部自治与外部监管协调配合，双管齐下

目前，我国实行的是对社会组织的年检，是覆盖率最高的一种考核方式，具体的评估只是针对部分发展好、符合评估条件的社会组织，评估对象具有一定的局限性。并且，年检更多体现的是政府对体育社会组织的管控，并不能从根本上起到促进发展的作用。所以，体育社会组织通过自我内部治理与外部监督双管齐下，主要发挥其内部治理的积极作用，是提高体育社会组织发展的有效途径。在内部治理中，要加强体育社会组织内部领导班子成员自身素质建设与内部运营管理制度的建立，在内部形成一种体育社会组织文化，使内部运作规范化、专业化。在外部监管中，政府可通过政策支持第三方独立评估机构的发展，以实现对体育社会组织评估范围的扩展，让体育社会组织评估考核与年检相呼应，协调配合，实现有效地互补，弥补监管的漏洞，以此改进政府监管模式与完善体育社会组织内部自律机制。

三、运用互联网的智能终端制定监管平台

在信息现代化高速发展的时代，人们已逐渐改变了生活方式和获取信息的渠道。通过互联网大数据的连接，可以在全国范围内形成一张体育社会组织评估的"网"，直接快速地获取评估信息，从而进行高效的监管，是体育社会组织有效治理的又一路径选择。

运用互联网的智能终端制定监管平台，公开体育社会组织各项公共服务评估考核信息，能够准确把握体育社会组织的现实情况，预判体育社会组织今后的发展方向，使广大公众以及各监管部门清楚地知道发展的具体状况，有助于提高体育社会组织对外界的公信力，同时提高监管与服务的精准度，打造服务型的、可持续发展的、新型的体育社会组织监管与服务体制机制。

四、发挥政府宏观调控，指导监管作用

体育社会组织在不断规范、完善法律监督、媒体监督、社会公众监督的同时，也亟须政府部门对其宏观引导，并发挥监督管理作用。各级政府、各相关部门应各司其职，对体育社会组织创办的基础条件、内部治理、业务活动、对外交流活动加强宏观管理，协调各类体育社会组织之间的关系，发挥联动作用。如前所述，对工作成绩突出、表现优秀、产生良好社会效应的体育社会组织及时给予表彰奖励、税收优惠以及财政支持，优先承接政府购买服务；对违法违规操作的体育社会组织，则严厉查处取缔，记录入数据库的"黑名单"中，定期向社会公布，净化体育社会组织的发展环境，维护社会群众合法权益。

　　各级政府体育行政部门应发挥其宏观调控功能，做好对各级体育社会组织的业务指导和行业监管工作，正确引导体育社会组织的发展方向，协助登记管理部门与相关单位做好登记工作和"后勤服务"工作。各级政府体育政府部门在管理体制上应"完全脱钩"，真正形成政社分开；鼓励支持体育社会组织自我治理、自我约束、自主发展，主动发挥服务社会的功能；积极反映体育社会组织的诉求，解决问题，规范行为，促进体育社会组织健康有序发展。

第五章 我国现代体育社会组织发展模式

前面对我国体育社会组织发展的纵向分析研究，找出了发展的规律和不足；横向对比研究，借鉴吸收发达国家的有益经验，结合我国的实际情况和当下我国体育社会组织的现实情况及发展趋势，运用治理理论和评估理论，旨在建立适合我国体育社会组织发展的新模式。

第一节 政府与体育社会组织平等合作模式

一、明确角色定位，确定双方合作关系

当政府与体育社会组织合作时，政府与体育社会组织必须认识到双方平等合作的关系，而不是从属或者管理与被管理的关系，并明确各自的权利与义务及共同的发展目标。加快政府职能转变进程，从"小社会、大政府"向"大社会、小政府"的模式转变，从微观管理向宏观管理转变，将原本由政府部门承担的工作交由具有资质的体育社会组织承担，制定和完善对体育社会组织的相关扶持政策，落实政府的引导、监管、评估等职能。体育社会组织要明确自身的独立性，主动摆脱对政府部门的依赖，不断加强自身建设，提高承接体育公共服务的能力。政府与体育社会组织要通过定期或不定期的协商会议等多种形式进行沟通联系、协商讨论，形成良性互动，以达到双方最佳合作效果。

二、政府要构建符合体育社会组织发展的社会环境

（一）加强顶层设计，转变政府职能

顶层设计即至自上而下、系统谋划，是从全局考虑，对某项目标任务或某个项目的各要素、各层次、各方面统筹规划，包括基本的价值取向、要达到的主要目的及先后顺序，集中有效资源，高效率、高质量地实现目标。

政府体育行政部门要加强顶层设计，注重体制机制改革创新，加快政府职能转变，创新行政管理方式，进一步简政放权，减少对微观事务的管理，加快推进体育社会组织与体育行政部门的完全脱钩，改变体育社会组织对政府的依附关系，更多地注重政府的

服务功能，既要避免政府卸责的出现，也不能出现政府的过度揽权①；同时，由政府牵头，整合各部门资源，达成跨部门协作的长效机制，承担鼓励和扶持社会组织发展的责任，为体育社会组织的发展营造良好的政策环境和氛围。政府可以以项目公开招标、委托管理等形式，将适合由体育社会组织提供的公共服务和解决的事项，交由体育社会组织承担，政府则将主要的精力放在政策的制定和政策实施的监管上；同时，规范各部门、各单位购买体育服务的行为，制定购买标准和监管制度，明确体育社会组织的服务内容，真正发挥掌舵者的地位和引导作用；实行体育社会组织统一登记、备案和管理，简化登记注册手续，鼓励民间行业体育社会组织的成立和发展。

（二）完善相关法律法规体系建设

完善的法律法规体系是政府组织与体育社会组织合作的重要条件。目前，随着我国经济社会的转型发展，我国涉及体育社会组织的法律法规与体育社会组织的发展速度相比存在滞后和不完善的现象。在全国性的法律法规体系中，如《社会团体登记管理条例》（2016年2月修订）、《民办非企业单位登记管理暂行条例》（1998年12月颁布）、《体育类民办非企业单位登记审查与管理暂行办法》（2000年11月颁布）、《基金会管理条例》（2004年3月）、《中华人民共和国体育法》（1995年8月颁布，2022年6月修订）、《社会组织评估管理办法》（2010年12月颁布）等，有一些内容已过时，不再适用于现在的情况，需要修改完善，并建立统一的法律平台，以法律的形式明确政府与体育社会组织合作双方的角色定位和职能，明确政府向体育社会组织转移体育公共服务的范畴，明确体育行政部门的职责和权力范围等。目前，甘肃、上海、海南、四川等省（自治区、直辖市）已制定出《甘肃省四类社会组织直接登记管理办法》（甘民发〔2017〕87号）、《上海市社会组织直接登记管理若干规定》（沪民规〔2019〕3号）、《海南省四类社会组织直接登记管理办法》（琼民规〔2021〕5号）、《四川省行业协会商会类科技类公益慈善类城乡社区服务类体育类社会组织直接登记管理办法》（川民发〔2020〕91号）等文件。民政部可会同有关部门，制定直接登记的社会组织分类标准和具体办法，尽快修改颁布已经过多次讨论的《社会组织登记管理条例》，制定《体育社会组织登记管理条例》，以立法的方式，保障各类体育社会组织的合法权益，规范体育社会组织在市场运作中的行为，提升体育社会组织在体育工作中的社会地位，保证体育社会组织成立、运行、发展均有章可循，有法可依；加强政府监管和社会监督，严格执行社会组织年检制度和信息公开制度，开展"运营绩效评估"和"社会信用评估"，实现依法管理、依法运营。

---

① 康昌发,欧阳柳青,杨梅. 试论中国体育的国际化[J]. 西安体育学院学报,2002(03):10-12.

三、健全体育社会组织自身管理机制

（一）正确处理与政府组织关系，加强与体育行政部门沟通交流

体育社会组织自身在工作中要摆正自己的态度，明白自己的角色定位，明确体育社会组织与政府的平等关系，而不是依附关系，保持其自身独立性。但体育社会组织也必须以国家发展为中心，主动承担起社会责任，提升承接体育公共服务的能力，了解民众的体育需求，搭建民众与政府之间交流的桥梁。体育社会组织还应积极主动地与政府各级组织、各级体育行政部门经常交流沟通，加强联系，搭建多重交流平台，积极配合政府部门的工作，参与政府的相关体育活动和体育服务工作，争取政府的信任和各方面的支持，获得政府更多的政策扶持。

（二）加强体育社会组织内部建设

更好地承接政府公共体育服务项目，满足广大群众体育需求以及得到社会广大群众的认可，取决于体育社会组织提供公共服务的能力和质量。要提高体育公共服务的能力和质量，则又取决于体育社会组织自身的内部建设和能力提高。首先，体育社会组织必须完善自我监管机制，坚持实事求是、依法办事、为民办事的原则，不断提高体育社会组织的社会公信力。其次，体育社会组织要不断提高自身竞争力，在政府购买服务的支持前提下，拓宽服务内容和资金来源渠道，加入市场竞争，焕发体育社会组织活力。再次，体育社会组织要提高自身专业性，为社会提供专业的体育服务，满足群众体育需求。其中，专业体育人才的培养是提高专业水平的关键，体育社会组织要逐步引进专业的体育人才，加强对员工的在职培训体系建设，提高工作人员的服务能力和专业水平；同时也要加强对员工保障体系的建设，以吸引更多优秀人才加入体育社会组织。

总之，政府与体育社会组织的关系是相互独立的，政府做政府的事，体育社会组织做体育社会组织的事。体育社会组织的资金来源也是多元的，政府购买只是其中比较重要的一部分。体育社会组织可以跨行业、跨地区活动，并承接不同级别、不相统属的政府购买服务项目，从而提高经济实力和社会影响力，降低自身在运行中和在社会管理方面的成本投入。

第二节　创新地方体育社会组织管理模式

一、铺就多极化全民健身组织网络体系，构筑智慧化全民健身服务机制

各地应建立以省（自治区、直辖市）、市、县联动的体育社会组织网络管理格局，逐步形成以各级单项体育协会、体育俱乐部、文体站、健身活动点、社区体育健身咨询点为主线的服务平台，以社会体育指导员为支撑的省（自治区、直辖市）、市、县、乡镇（街道）、村（社区）5级全民健身组织网络体系。体育社会组织应优化组织内部管理结构，且加强各级各类体育社会组织之间的联系，从基层出发切实反映民众体育诉求，形成"政府—体育社会组织—民众"的联系方式，搭建政府与普通民众之间沟通的桥梁。

体育社会组织要充分利用现代网络技术，打造完善的电子信息网络服务平台，采用网络办公，加快信息传递速度，提高服务效率和服务能力；利用现代网络技术，建立各级各类以提供体育健身服务为主要功能的网站、App、公众号等互联网平台，为居民提供更加方便、快捷、"线上线下"相结合的、优质的体育公共服务项目。所以，我们应积极探索开展多样化的健身服务模式，使全民健身活动丰富多彩、形式多样，不断满足广大人民群众智能化、多元化、多层次的体育健身需求，构筑全民健身智慧化服务机制，推动全民健身活动向智慧化、网络化、信息化方向发展。

二、完善地方体育社会组织管理制度，支持地方体育社会组织发展

地方各级政府主管部门应当在国家社会组织管理相关条例规定的指导下，进一步完善地方体育社会组织管理规章制度，针对不同区域的具体情况，出台相应的措施办法和文件规定；并且，这些措施办法和文件规定应该是前瞻性的、可落实的、可操作的。这些措施办法和文件规定要把握好、指导好政府与体育社会组织在体育公共事务管理中的边界，明确体育社会组织自身的权利与义务，建立制度化的沟通渠道和合作机制。地方各级政府主管部门要积极鼓励体育社会组织参与市场竞争，充分利用政府购买公共服务的契机，扩宽其自身的服务范围，学习企业经营理念，提供一定的有偿服务；积极鼓励体育社会组织开发体育无形资产，开发有地方特色的、群众喜闻乐见的民间、民俗、民族体育公共服务项目，满足群众多层次健身需求，指导群众便利、科学、文明健身；积极鼓励体育社会组织通过多种渠道，吸引企业和个人的投资与赞助，解决地方体育社会组织资金不足的问题，从而进一步提高公共体育服务能力；积极鼓励体育社会组织科学合理地整合物资、资金、人力、知识等资源，大力支持地方体育社会组织的健康、规范、有序发展。

三、简化审批手续，鼓励社区体育社会组织发展

在体育社会组织管理工作中，地方政府要积极推进行政审批制度改革，大力清理行政审批事项，切实改变环节过多、多头审批、效率低下等状况。全国各省（自治区、直辖市）应出台《城乡社区服务类体育社会组织直接登记管理办法》，鼓励地方成立小型的社区群众性体育社会组织，政策上给予支持和帮扶，引导社区群众性体育社会组织发展具有地方特色的民间传统体育项目。在传承传统文化的大背景下，既要让传统体育项目得到继承和发展，也要从基层群众的需求和喜好出发，开展群众喜闻乐见的体育活动项目，进一步提高基层群众参与体育活动的积极性和体育健身意识，从而促进自身发展。地方基层体育社会组织还应抓住国家取消商业性、群众性体育赛事活动审批的契机，通过开展一些体育赛事活动促进自身的不断发展，提高基层社区体育社会组织的公信力。

四、加强使命感教育管理，树立为社会服务、为国分忧的思想观念

我国体育社会组织一定要树立为社会服务、为国分忧、以人民为中心的历史使命感和社会责任感，满足人民群众对美好生活的追求和日益增长的体育需求，使人民群众具有获得感、幸福感。我国体育社会组织应在促进人的全面发展，促进体育强国建设，提高中华民族的整体健康素质；参与社会治理，促进社会和谐；加强国际交流、交往，提高国际影响力，为国争光等方面做出自己的成绩和贡献。体育社会组织的发展和运行一定要符合中国国情，树立服务国家、回报社会的思想观念，时刻关注党和国家的中心工作或重点领域、重点工作，时刻关注各行各业改革发展的新动向，根据不同时期的不同情况，不断改进服务国家、服务社会、服务人民大众的方式方法和内容。

例如，2020年8月，国家体育总局、教育部颁布了《关于深化体教融合 促进青少年健康发展的意见》，将青少年文化学习和体育锻炼协调发展，促进青少年健康成长的工作上升到国家层面，体现了对体育育人功能的高度重视。体育社会组织作为社会力量应积极响应，参与学校体育，协助学校体育课向学生传授体育技能，为学校和学生提供体育教学和体育教练服务，弥补学校体育课程的不足；协助提升学校体育教育的质量和水平，发展和丰富教师、学生的课余体育活动，提升教师、学生的运动技术水平等。又如，在国家的乡村振兴等工作中，体育社会组织也应积极参加，助力乡村体育振兴，为乡村振兴贡献自己的一分力量。体育社会组织内部则要坚持加强党的组织建设，发挥党的领导作用和党员的先锋模范作用，真正成为国家信任的、群众拥护的、社会声誉好的体育社会组织。

第三节　创立体育社会组织志愿服务长效机制

一、志愿服务与志愿者

志愿服务是现代社会文明进步的重要标志，是任何人自愿贡献时间和精力，在不为物质报酬的前提下，为推动人类发展、社会进步和社会福利事业而提供的服务；是指志愿者、志愿服务组织和其他组织自愿、无偿向社会或者他人提供的公益服务。

国务院2017年8月颁布的《志愿服务条例》第六条指出："志愿者，是指以自己的时间、知识、技能、体力等从事志愿服务的自然人。"联合国把志愿者定义为"自愿进行社会公共利益服务而不获取任何利益、金钱、名利的活动者"，具体指在没有任何物质报酬的情况下，能够主动承担社会责任，奉献个人时间和助人为乐行动的人。也有人把志愿者定义为"在自身条件许可的情况下，参加相关团体，在不谋求任何物质、金钱及相关利益回报的前提下，在非本职职责范围内，服务于社会公益事业，为帮助有一定需要的人士，开展力所能及的、切合实际的、具有一定专业性、技能性服务活动的人"。体育志愿者，是在非本职职责范围内，以自己的时间、知识、技能、体力等从事志愿服务于社会体育公益事业的自然人。

体育社会组织所做的志愿服务主要指体育健身志愿服务或全民健身志愿服务，是以推动全民体育健身活动广泛开展为目的，自愿、无偿地为他人和社会提供体育健身指导和其他体育服务的公益行为，对促进全民健身、传承体育文化、推动社会和谐、构建更高水平的全民健身公共服务体系有重要意义。

二、体育社会组织志愿服务机制的建立

近年，我国志愿服务获得了党和政府的高度重视与大力支持，志愿服务事业正在快速发展，志愿服务组织和志愿者不断增加。体育社会组织本身就是公益性组织，是为社会、为大众服务的，建立志愿服务的长效机制与其宗旨和性质是一致的，参与志愿服务也是一种回应社会责任的行为，能更好地获得他人肯定，获得社会认可。所以，体育社会组织要转变观念，增强服务意识，提高志愿精神与责任使命感，努力做好"充当志愿者，培训志愿者，管理志愿者"三大工作任务，把志愿服务工作作为自己不可或缺的一项活动和任务，长期坚持，回报社会，树立良好的组织形象与社会公信力。

第一，要在思想上明确自己是社会服务组织，牢固树立志愿服务意识，发扬志愿服务精神，培养志愿服务能力，充当志愿者。体育社会组织成员每年要自觉参加一定数量和时间的志愿服务活动。作为体育社会组织，则要鼓励内部成员积极参加志愿服务活

动，每年安排一定数量的志愿服务活动，把志愿服务作为一项工作任务列入年初工作计划，年终总结，做传播志愿服务文化、弘扬志愿服务精神的使者，打造全民健身志愿服务品牌。

第二，在国家行业志愿者培训认证体系下，建立体育社会组织为体育志愿者提供科学、系统、专业的培训体系。各级体育总会、省（自治区、直辖市）和其他有条件的单项体育协会可开设初级、中级、高级等多种形式的培训班，志愿者接受并完成培训，获得资格证书。有的志愿者也可以通过培训成为教练员、社会体育指导员、其他体育社会组织和体育俱乐部的管理者和领导者。

第三，各级体育总会既要成为体育志愿者的培训机构，还要成为各级体育志愿者的具体管理服务组织，存储体育志愿者基本信息，知晓体育志愿者的基本情况及意愿，遴选适合从事某类服务的志愿者，向社会、个人和各级政府、各类组织推荐，并安排他们从事相应的体育志愿服务工作。同时，各级体育总会还要遵守法律法规，责任担当，建立志愿者奖励和惩罚机制，做好对体育志愿者的管理和教育工作。

第四节　建立各类体育社会组织协同发展模式

根据当前情况，我国体育社会组织的作用和影响力，还是以体育社团、体育类民办非企业单位、体育基金会三大类为主，其他一些没经过登记、自发的基层草根体育组织，能起到补充作用，但是不稳定，可以将其纳入体育社团对待。对起主力军作用的体育社团、体育类民办非企业单位、体育基金会在制定相关政策、条例、办法时要统筹考虑，加强统筹管理，分类指导，使三者协同发展，充分发挥它们各自的优势和功能。具体措施如下。

一、积极创建枢纽型体育社会组织

"枢纽"在《辞海》中的解释为"比喻冲要处或事物的关键所在"，是指事物相互联系的中心环节，也指事物关键之处或重要的地点。枢纽型社会组织是指由负责社会建设的有关部门认定，在对同类别、同性质、同领域社会组织的发展、服务、管理工作中，在政治上发挥桥梁纽带作用、在业务上处于龙头地位、在管理上承担业务主管职能的联合性社会组织。[①]

就政府的角度而言，社会组织在社会服务方面的功能越来越明显，已经成为社会公共服务的有力补充，是弥补政府失灵和市场协调失效的有效载体。就社会组织的角度而言，单个社会组织为了积累资源、获取运营合法性、被社会接受并服务社会，都有走向

---

① 彭善民. 枢纽型社会组织建设与社会自主管理创新[J]. 江苏行政学院学报,2012（01）: 64-67.

联合或加入联盟的需要。因此，根据中华全国体育总会的职责和工作要求，我们要在政府体育行政部门的指导支持下，积极努力把各省（自治区、直辖市）、市、县体育总会建设成枢纽型体育社会组织，充分发挥各级体育总会的桥梁纽带作用，管理、引导各级各类体育社会组织的建设和正常运行，引领各类体育社会组织形成合力，优势互补，共同蓬勃发展；并对各类体育社会组织进行业务指导和日常管理，做好联系和服务工作，发挥平台枢纽功能，积极将自身打造成为枢纽型体育社会组织。[①]

二、按照社会化、实体化、规范化、专业化、智慧化标准建设体育社团

（一）社会化

社会化，简单而言，就是由自然人到社会人的转变过程，每个人必须经过社会化才能使自己外在的社会行为规范和准则，内化为自己的行为标准。社会化对个人的生存发展至关重要，对社会团体组织的生存发展也非常重要。人要生存发展，就必须融入社会，一个团体组织要生存发展下去，也必须要融入社会、适应社会，这样才能成为合格的社会成员。因此，作为体育社会组织的体育社团必须融入社会，与社会互动，做到自己所做的正是社会所期待的，并且这期待也是最好地满足了社会的利益和要求，这才达到了社会化的标准。同时，体育社团也需要通过满足社会需要、市场需要来发展自己，不断壮大自己，成为合格的社会组织成员之一。

社会化是社会组织的基本属性。体育社团社会化，就是要让体育社团组织与当今经济社会接轨，扎根社会，得到社会各行各业的参与、支持，顺应时代潮流，适应社会市场需要，特别是要适应、满足人民群众日益增长的体育健身需要和我国体育事业发展的需要。例如，体育社团可以接受社会赞助、接受社会委托、组织体育比赛、开展体育培训和体育活动、开展体育咨询服务等，在社会市场经济中自给自足，通过社会市场养活自己。同时，体育社团可以运用市场手段，积极主动地走向社会，宣传自己，展示自己，推销自己，大力开展卓有成效的工作，得到社会认可，从而发展壮大自己。

（二）实体化

体育社团实体化是指遵循市场经济规律，明确划分政府和体育社团的权力和责任，管办分离，把可以不由政府行使的职能转移给具有法人地位的体育社团，建立体育社团独立核算、自负盈亏，有利于竞争协作和灵活高效的运行机制。[②]

体育社团实体化，首先要做到"五有"：①有注册登记。所有体育社团都要注册登

① 游俊. 政府职能转变与体育社会组织发展模式研究[R]. 国家体育总局体育哲学社会科学研究项目, 2015, 9.
② 秦海生. 河南省市级体育社团实体化发展之研究[J]. 吉林体育学院学报, 2010(06): 171-173.

记，取得合法地位。②有专职人员、办公场所。不管是奥运项目、非奥运项目社团或民族、民间休闲体育项目社团都应有专职工作人员和办公场所。③有经费保障，同时应配备会计出纳。④有活动。经常组织开展各种体育健身活动、培训活动、服务咨询活动和体育赛事活动。⑤有相应权限，能接受资助并独立开展活动。总之，要做到实体化，就政府而言，要进一步加强宏观管理，逐步放权，实行管办分离。政府要完善相应的法律法规，建立体育社团评估机构和机制，对体育社团开展绩效评估，支持体育社团独立开展工作。就体育社团本身而言，要加强自身建设，在人才方面，要形成人才来源多方位格局，经费上形成多元化经费来源渠道；在宣传方面，形成多种途径的宣传模式。

体育社团发展所需的资金、场地设施等资源，政府部门应建立资助和激励机制。一是政府购买服务，以购买服务的形式向体育社团组织提供资金。二是政府部门改革税费制度，明确对体育社团的减免税规定，通过提高抵税率的措施，鼓励企业向体育社团组织捐赠，并在相关费用方面对体育社团予以减免①。三是体育社团通过自身的工作成效和影响力，获得社会各界和个人的资助。在场地设施方面，体育社团除自身所有外，还要加强与学校、企事业单位的联系，通过学校、企事业单位体育场地设施的对外开放予以解决。

（三）规范化

规范化是指在科学、管理、经济、技术等社会实践中，对重复性事物和概念，通过制定、发布和实施标准达到统一，以获得最佳秩序和社会效益。体育社团的规范化，就是体育社团的成立、日常运行，要按照国务院《社会团体登记管理条例》和各省（自治区、直辖市）社会团体管理办法执行，制定好章程，认真执行章程，按规章条例开展工作。体育社团的活动要遵守国家的宪法、法律法规和社会道德风尚，严格执行体育事业发展方针、政策，全面贯彻落实《中华人民共和国体育法》《全民健身条例》和《"健康中国2030"规划纲要》等相关体育政策和规定，引领群众体育健身活动，为增强国民体质、提升竞技体育水平，促进体育产业、体育文化的发展，为建设体育强国和推动"健康中国"战略的实施贡献力量。

（四）专业化

专业化即专业化能力建设。在体育社会组织建设中，强化体育组织的专业化建设，是提高体育社会组织能力建设的关键。体育社团组织的能力至少包括：组织体育健身活

---

① 冯欣欣,曹继红.资源依赖视角下我国体育社团与政府的关系及其优化路径研究[J].天津体育学院学报,2013(05)：382-286.

动、休闲体育娱乐活动、体育咨询服务、体育竞赛的能力；对外交流、宣传的能力；争取政府、社会支持和筹集资金的能力。这些都需要专业知识的积累，除需要懂体育专业知识外，懂宣传、懂交流交往、懂协调沟通也是必要的。因此，要对现有体育社团的专、兼职人员加强体育专业知识和专业技能的培训，同时招收和引进相关专业人员来体育社团工作，加快体育社团人员的专业化发展步伐，提高体育社团专业化的服务能力、服务水平、服务质量。

（五）智慧化

随着社会的进步，经济社会将在信息化社会之后逐渐走向"智慧化、虚拟化"的新常态化，即"智慧社会"。智慧社会是未来社会发展的高级状态，是生产高端化、治理智能化、生活智慧化的高级社会。智慧社会作为复杂的生态系统，其运行离不开各类社会组织[①]。未来，社会治理、日常生活、体育健身、公共服务将成为有机整体，云计算、物联网无处不覆盖，大数据、人工智能普遍应用于社会各领域，在体育健身方面，将逐步实现健身设施智慧化，健身区域智慧化。因此，为满足广大民众智慧化健身的需求，体育社团要按照智慧化标准建设，要培育和不断提高体育社团开展智慧化体育公共服务的能力，开发智能健身服务项目，走智慧化发展道路，这也是历史的必然。

三、体育类民办非企业单位要注重联合发展

2000年11月10日，国家体育总局令第5号、民政部令第5号发布的《体育类民办非企业单位登记审查与管理暂行办法》第六条规定："体育类民办非企业单位可以从事以下业务：①体育健身的技术指导与服务；②体育娱乐与休闲的技术指导、组织、服务；③体育竞赛的表演、组织、服务；④体育人才的培养与技术培训；⑤其他体育活动。"

体育类民办非企业单位，在全民健身和推动体育事业发展中与其他体育社会组织具有同等重要的作用；同时，还有其自身的特点和优势。首先，体育类民办非企业单位是利用非国有资产举办的，充分发挥它们的作用，可以为国家节约资金，弥补国家和各级政府资金的不足。其次，由于体育类民办非企业单位属于民办性质，一般都是基于举办人的兴趣和爱好而创办的，因此能够发挥个人的积极性和创造性。最后，体育类民办非企业单位的灵活性强，可以完全根据市场的需求开展业务活动，并随时调整业务内容，以适应社会各种人群的需求。因此，我们要将体育类民办非企业单位与其他体育社会组织一起统一管理，统一指导。在政府的统筹下，体育总会要具体指导、管理、监督，直

---

① 李超民,曾利. 中国智慧社会建设的理论探索与实践逻辑[J]. 晋阳学刊,2021(04):103-111.

接关心、支持体育类民办非企业单位的建设和发展，指导和支持体育类民办非企业单位开展各项业务活动。对规模小、不规范、不成熟的体育类民办非企业单位则进行关、停、并、转，以及撤销、整合。就体育类民办非企业单位自身来说，组织与组织之间要经常联系，信息畅通，特别是要注重合作，信息共享，优势互补，形成合力，联合发展；还要与其他体育社团、体育基金会加强联系，互相学习，取长补短，充分发挥自身优势，为我国体育事业、全民健身事业做出自己的贡献。

四、体育基金会建设及管理措施

基金会是立足于公益事业的组织，通过提供无偿资助，促进社会福利救助、文化教育事业、社会科学等公益性事业的发展。随着社会进步，人类文明程度的不断提高，社会公益事业也将不断发展、进步。目前，我国的公益事业也正在快速、蓬勃发展，已有人以从事公益事业为自己的终身事业追求。体育基金会是从事体育公益事业的社会组织，因此，我们要大力发展体育基金会，广泛募集社会资金，关心、资助体育弱势群体，开展公共体育服务活动和全民健身活动，大力推进体育公益事业发展，促进公共体育服务在不同人群中的均等化。

第一，各省（自治区、直辖市）都应成立省（自治区、直辖市）级的公募体育基金会，省（自治区、直辖市）级体育基金会要协助、指导各地市、州、县公募体育基金会的建立，并积极开展工作，面向社会广泛募集资金。

第二，各体育基金会要按照规定，制定相关的管理制度，在国家法律法规和有关政策的指导下，按照民政部《慈善组织公开募捐管理办法》向社会募捐，并不得违背社会公德。

第三，按照《基金会管理条例》和《中华人民共和国慈善法》制定相关的章程，完善决策机构，并不得规定使特定组织、自然人、法人受益的内容，保证体育基金会的公益性质。

第四，鼓励、支持非公募体育基金会的建立，搭建更为广阔的发展体育及体育文化事业的捐赠平台，开展体育文化公益活动，安老济困，扶弱助残，促进社会和谐进步。

第五，加强各体育基金会的财务管理、监督、检查，严格资金收支管理，账目公开，保证资金用于体育公益事业，防止腐败和违纪违规行为发生。

与此同时，体育基金会要支持、关心其他体育社会组织的发展，也需要得到其他体育社会组织的支持与配合。体育基金会可以与其他体育社会组织联合开展一些业务活动，如充分利用各自的优势及资源，共同申请和完成一些体育公益项目等；与其他体育社会组织和其他基金会密切配合，协同发展，共同进步，为促进我国体育公益事业的蓬勃发展做出自己的贡献。

第五节　加强基层及行业体育社会组织建设

基层是基础，任何事物的成长发展都离不开牢固的基础。基层社会是每一个社会成员情感、归属感、向心力和日常生活的重要支撑点。[①]在我国现代社会治理中，地方基层治理是非常重要的内容和环节。我国基层人口众多，地域辽阔，全民健身及群众性体育活动主要是在基层开展，尤其是在大健康背景下，基层自发性体育组织是主要群体。但是，目前我国基层体育，特别是农村体育的主流是无组织或低组织的体育活动，"中国体育如今面临的所有问题，都直接或间接地与基层体育组织缺失有关"[②]。因此，加强我国基层体育社会组织及民间自发性体育组织的建设与治理尤为重要。

一、城镇体育社会组织建设

城镇体育社会组织建设，要根据城镇人口多、人员居住集中、休暇时间较多、体育健身和参加体育活动意识强的特点来进行建设。

第一，要视人口多少、居民的兴趣爱好，尤其是要根据体育需求的状况，来决定体育社会团体的成立。要以自愿加入为原则，民主管理，信息公开。

第二，政府部门、街道办事处、社区负责人要积极关注支持、监管引导，成立适合当地环境条件、民间风俗、居民喜欢的项目体育协会。

第三，体育社会组织负责人的选择要符合素质好、有责任心、有担当、愿服务、有热情的条件，没有不良记录，懂专业。

第四，体育社会组织的管理层要有一定的组织协调能力、人际交往能力，受到大多数人的拥护。

第五，政府政策支持，财力扶持。根据我国目前的情况，体育社会组织如果完全得不到政府财政支持是不能长期生存下去的，尤其是基层体育社团和一些自发的民间草根体育社会组织。因此，政府的支持、法律的保障非常重要。

二、农村（村、组）体育社会组织建设

党的十九大报告指出："要加强农村基层基础工作，健全自治、法治、德治相结合的乡村治理体系。"加强农村体育社会组织建设，充分发挥农村社会组织的资源整合和协调功能，补齐乡村体育发展短板，也是乡村治理工作的一部分。这里的农村指村及以下的农村基层，虽然我国在推进社会主义新农村建设中，逐步实现农村村民集中居住，

① 吴忠民. 中国转型期社会问题的主要特征及治理[J]. 山东社会科学,2020(06):58-68.
② 任海. 中国体育治理逻辑的转型与创新[J]. 体育科学,2020(07):3-13.

但近年还不能完全实现，就算实现了，人口密集度也不能与城市相比，居住仍然较为分散。所以，我们要考虑农村的这些因素和特点，因时、因地、因农村社会人际环境来考虑如何建设农村体育社会组织。例如，体育基金会、体育类民办非企业单位就不完全适宜在农村发展。而各种小规模的体育社团组织，如田间地头晨、晚锻炼点，自发的广场操（舞）组织，3～5人的体育专项锻炼小组等草根体育组织适宜在农村发展。有的地方已经发展很好，需要我们规范、引导、鼓励它们健康有序发展，对暂时达不到规定登记条件的基层体育社会组织，可向所在地乡镇申请备案，实行备案制管理，以法律的形式，保障它们的合法身份。特别是一些体育健身科普知识、体育科学健身方法的宣传、咨询等体育服务类社会组织应引导大力发展，引导和规范这些自发性群众体育组织向体育社团组织发展。当然，也要注意提升民间自发的草根体育社会组织的质量，扩大草根体育社会组织的声誉，赢得社会各界和各级政府的认同与支持。

三、行业体育协会建设

行业体育协会是指社会各个行业（系统）在本行业内部由工会组织发起并建立，在体育总局业务指导下，按自愿原则，由本行业人员参加，并在民政部门登记注册的具有社团法人资格的非营利性体育社会组织。行业体育协会基本上都是全国性的体育社会组织，如中国火车头体育协会、中国金融体育协会、中国前卫体育协会、中国建设体育协会、中国煤矿体育协会等，它们在各省（自治区、直辖市）设立分会。在市场经济条件下，行业体育协会充当着协调政府与社会的重要角色，在开展职工体育活动、丰富职工体育文化生活、促进我国竞技体育水平的提高等方面发挥了积极的作用。但是，随着经济体制改革的深入发展，行业体育协会出现了组织萎缩、功能弱化的现象。

行业体育协会是代表广大职工的利益和愿望，维护职工合法体育权益，在行业内部组织开展职工体育活动，为职工提供体育服务，协助政府部门管理职工体育的社会组织。政府可以通过行业体育协会了解广大职工对体育的需求，从而制定更合乎职工利益和意愿的体育政策；职工可以通过行业体育协会向政府反映意见和要求，行业体育协会是广大职工与政府沟通的桥梁与纽带。行业体育协会接受政府行业主管部门委托的体育相关事务，开展行业职工体育调研、参与制定行业职工体育规划；同时，通过体育交往，行业体育协会也能起到不同行业之间加强联系交流、协调沟通的作用。

由于行业体育协会是在职职工体育协会，一个行业仅成立一个全国性体育协会，以行业工作内容命名，每个协会仅限本行业职工参加，要按照行业、系统职工的特点来建设和开展活动，这是与其他体育协会最大的不同点。因此，建设的原则和需要思考的问题具体如下。

第一，工会组织发起并建立。因为是本行业单位职工参加，单位有工会组织，所以，由工会组织发起并建立。

第二，体育总局业务指导。

第三，自愿原则。各单位自愿参加，自愿建立，不是必需。

第四，根据本行业职工的工作性质、工作环境、工作特点开展活动。

第五，行业体育协会往往要组建高水平运动队代表本系统参加一些竞技体育比赛，竞技体育与职工群众体育怎样相互促进，协调发展，是我们要思考的又一问题。

与此同时，我们还要加强行业体育协会自身建设。行业体育协会除开展职工体育活动外，还有要举办高水平体育赛事，提高竞技体育水平；提供体育咨询，进行体育调研；宣传普及科学健身知识；反映职工诉求，协调维权；组织体育公益慈善活动等，为丰富职工体育文化生活，提高职工身体素质，为全民健身事业和体育强国建设做出贡献。

四、基层体育社会组织自身能力建设

自身能力建设是任何社会组织永恒的话题，是社会组织能够生存下去而不被淘汰的基本前提。体育社会组织只有提高能力，政府才能放心把相关的服务工作、协调工作交给它们去做，才能适应新形势下体育治理、体育公共服务体系建设、体育产业发展、体育强国建设和"健康中国"建设的需要，真正在创新社会治理、化解社会矛盾、维护社会秩序、满足人民群众日益增长的多元化、多层次体育需求，促进社会和谐、文明进步等方面发挥应有的作用，使之成为社会建设的重要主体。具体来说，基层体育社会组织能力建设，主要应从以下几个方面入手。

（一）负责人的学习能力

学习能力，也称一个人终身学习的能力，敏锐感知新生事物、接受先进事物的能力，即：获取知识和技能，掌握知识和技能，应用知识和技能，认知世界、理解世界的能力。只有思想持续领先于时代的人，才能带领组织奔向未来；唯有持续学习，才能在不确定的时代确保思想领先[①]。正如彼得·德鲁克（Peter F. Drucker）所说，一个人的学习能力，才是他的核心竞争力。所以，体育社会组织负责人或核心领导团队，必须着力培养和提高自己的学习能力，不断学习，全方位学习，终身学习，时刻做到思想领先、观念领先、组织管理能力领先，才能用自己的影响力，带动体育社会组织面对复杂和快速变革的社会环境，做出正确的抉择，带领体育社会组织不断创新和发展。

---

① 田俊国. 领导者的立体精进[J]. 商业评论, 2020(08): 120-133.

（二）内部治理能力

打铁先要本身硬，体育社会组织只有内部治理好了，自身强大了，才能很好地开展工作，所以，体育社会组织内部治理能力至关重要。因此，体育社会组织的内部治理能力建设主要有以下几个方面：第一，要在体育社会组织内部建立党组织，加强党的领导。第二，民主管理，善于发现问题，正视错误，及时纠正错误，积极妥善解决问题。第三，加强诚信道德建设，提高负责人及员工的诚信道德素质，社会责任意识，为他人服务、为社会做贡献的意识。第四，建立规章制度，设立规矩，人人遵守纪律，执行规章制度。第五，与时俱进。尤其是体育社会组织的主要负责人，除了要具有内部组织管理能力、协调能力外，还要时刻关注世界经济社会的发展情况、国际体育的发展情况、我国人民群众日益增长的体育需求，国家的方针政策走向，随时调整工作思路、工作方向及业务活动等内容。

（三）业务活动能力

体育社会组织属于公益性社会组织，积极开展公益活动是其宗旨和业务活动范围。开展活动的内容、形式、方法，开展活动的频次、专业性，活动的社会影响力，公众的满意度，吸引公众积极参与等，则是业务活动能力的具体体现。因此，要提升体育社会组织的业务活动能力就必须在这些方面加强学习和训练，不断总结和提高。

（四）对外交往能力

对外交往能力，也称社会交往协调能力、人际沟通协调能力。我们知道，有社会才有组织，每个组织都存在于一定的社会中，并自觉不自觉地与其他社会组织和个人打交道，不可能孤立存在。所以，任何社会组织只有较强的对外交往能力、协调社会各方面关系的能力，才能健康持续发展。例如，争取当地政府的政策支持、经费支持，争取社会各界人士的关注，与其他社会组织之间的交流、交往、相互学习、相互帮助、合作共赢等就是对外交往协调能力的具体体现。

（五）自我监管能力

自我监管能力就是指内部监督管理能力。要提高体育社会组织的自我监管能力，就要充分发挥体育社会组织的内部理事会、监事会及全体成员对体育社会组织自身及其成员的监督管理作用。健全内部监督机制，不断修正错误和不足，建立独立自主的运行机制。即：体育社会组织要成为权责明确、运转协调、制衡有效，能独立承担法律责任的法人主体。

（六）政府助力提高体育社会组织能力

体育社会组织的发展，需要政府的引导、支持和帮助。各级政府可以通过购买服务等方式优化资源配置，引导和扶持体育社会组织发展。体育社会组织也可以通过承接体育公共服务工作来加强自身能力建设，提高服务能力和服务水平。当然，这是一个循序渐进、以点带面的过程，不能一蹴而就。而针对目前我国体育社会组织专业性不足、经费短缺的问题，政府要以积极的财政支持、人才支持、信息支持、场地支持、税收减免等多方面的保障性配套政策措施，提升体育社会组织的专业性和自主筹资、自我管理、自主发展的能力及社会服务能力。各级体育总会、各单项体育协会可以在政府的支持下，采取孵化培育、人员培训、公益创投等多种途径和方式，引进优秀的管理人才，打造专业化的体育团队，提高承接体育公共服务的能力，主动积极与政府交流、沟通、合作，有效承接政府转移的体育公共服务职能。

第六节 体育社会组织国际化

中共中央办公厅、国务院办公厅印发的《关于改革社会组织管理制度促进社会组织健康有序发展的意见》中提出："引导社会组织有序开展对外交流，参加非政府间国际组织，参与国际标准和规则制定，发挥社会组织在对外经济、文化、科技、体育、环保等交流中的辅助配合作用，在民间对外交往中的重要平台作用。"这为提升我国社会组织的国际影响力指明了方向。作为体育社会组织，也必须要注意对外交流，走国际化发展道路。我们既要保证国外体育社会组织合法有效地进入中国，也要鼓励国内的体育社会组织走出去，把引进来、走出去与体育社会组织国际化统筹考量，把国际化作为体育社会组织未来发展的方向，也是必然趋势。同时，也要正确处理好国际化和本土化的关系问题。

一、体育社会组织国际化的意义

（一）国家强大的必由之路

新中国成立以来的建设和改革发展，取得了巨大成就，特别是近四十几年来的改革开放，我国经济迅速崛起，国家在经济、政治、国防、科技、教育、文化、体育等各个方面都在不断强大。由于国家的强大，我国在国际社会的地位日益提高，各个方面、各个行业、各类社会组织都在逐渐与国际接轨。那么，体育社会组织也必然与国际接轨，走国际化发展道路，必须要紧随国际形势的大趋势，走上国际大舞台，担当体育领域的国际责任和义务，这是国家强大的必由之路。

体育社会组织走向世界舞台是我国体育事业发展的大趋势，是我国体育事业不断发展并取得新成就的重要法宝。站在新的历史起点，把体育事业走向世界舞台作为引领我国体育事业未来发展的重大理念，向世界表明中国体育正在走向世界舞台，这必将为今后我国体育事业发展面对困难和挑战提供强大动力，为提高我国国际社会地位提供支持。作为体育社会组织也必须要努力寻找自己在国际社会的最佳位置，并发挥出作为一个大国体育社会组织的重要作用。为此，我们不仅要加强我国体育社会组织的建设，而且要紧跟国际步伐，充分发挥我们的优势，担当起大国的责任和义务，使我国体育社会组织走上国际化发展道路。

（二）世界经济发展的必然趋势

当前，世界经济正朝着全球化、一体化方向发展。全球性的资源配置、筹资、投资、生产、贸易等在经济领域和网络平台中的关系变得更加紧密。因此，各国体育社会组织要发展壮大，各国政府体育部门、体育组织要从世界范围内的最优体育资源配置模式中得到最大经济效益、社会效益，就必须以某种方式跨越国界、越过各国现存的体育差别，走上国际化发展道路。

体育社会组织国际化是一个客观的历史发展过程，是体育社会组织发展的总体趋势，是世界经济发展和社会发展融合在体育领域的综合体现。近半个多世纪以来，奥林匹克运动的发展，体现了奥林匹克运动不仅仅是体育的盛会，也是经济的盛会，世界各国通过奥林匹克运动在体育和文化方面频繁交流，在体育技术、战术，体育科技，体育商品方面的交流、交往活动也日益增加。体育社会组织在促进体育经济、促进体育产业的发展中担负着重要的作用和任务。因此，体育社会组织必然走国际化的道路，才能更好地在促进我国体育经济和体育产业的发展中起到更加重要的作用。

（三）争取更多国际话语权

国际体育话语权具有构建国际体育秩序的功能，是保障国家合法权益实现的关键所在，是衡量一个国家体育发展水平和国家体育地位的重要标志。[1]随着国际的政治、经济权力竞争日益激烈，以国际体育话语权为代表的国家软实力也成为各国竞相争夺的目标，我国对国际体育话语权的诉求也变得越来越迫切。[2]

在国际体育领域，大型国际体育赛事举办权（举办地）的确定、比赛规则的制定、国际体育组织人员的遴选等，都是建立在一定话语权的基础上，特别是大型体育赛事对

① 康昌发，欧阳柳青，杨梅. 试论中国体育的国际化[J]. 西安体育学院学报，2002(03)：10-12.
② 张伟，张廷晓. 我国国际体育话语权的对称性实现研究[J]. 沈阳体育学院学报，2018(06)：80-84.

于文化权力的输出更加体现出国际体育话语权的独特价值。国际体育话语权能够使国家体育发展的合法权益得到实现，衡量一个国家或地区国际体育话语权实力的指标便是体育合法权益诉求的实效性。所以，体育社会组织走上国际化道路，加入国际体育组织，同时也吸收国外体育组织加入我国的体育社会组织，与国际体育组织融合发展，是争取国际体育话语权的途径之一，对中国各方面国际话语权的提升有十分重要的作用。

我国要实现从体育大国向体育强国转变，也离不开国际体育话语权的进一步提升。只有抢占国际体育话语权制高点，才有利于展现中国的体育文化自信。目前，中国功夫、健身气功、太极拳等中国传统体育项目正逐渐走出国门，成为其他国家了解中国体育文化的载体，强化了中国体育文化的内涵。因此，需要体育社会组织发挥重要作用，通过国际传统体育项目、体育文化的交流，宣传我国民族传统体育项目的独特文化特质，扩大我国体育文化的感染力、影响力，这也是构建具有中国特色体育话语体系，促进我国国际体育话语权的实现，进一步强化中国体育文化自信的途径之一。

二、体育社会组织国际化实现途径

（一）中外体育社会组织共生共融，协同发展

在当下全球一体化时代，中外体育社会组织将会是一种共生关系，二者相互学习，相互融合，相互推动，共同发展。从我国改革开放以来的发展历史看，国外体育社会组织的发展经验为我国体育社会组织的发展提供了借鉴和理论模型，引导和带动了我国体育社会组织的兴起和发展。在全球一体化时代，我国体育社会组织也将加快步伐向国际体育社会组织靠拢，与国外体育社会组织共生共融，协同发展。

例如，中国篮球协会成立于1956年，是全国性体育社会组织，代表中国参加了国际篮球联合会和亚洲篮球联合会。加入国际体育组织是中国篮球协会的一个历史机遇，意味着中国篮球协会将在全球化和国际化的环境中，学习国际上的先进理念和技术，站在全球化视野来规划自身发展目标。作为国际篮球组织的一个分支，中国篮球协会不仅开辟了走出国门、开展国际合作的机会，更重要的是，国际篮球组织也将登陆我国，从而实现中外体育社会组织互相促进、共同发展的愿景。同时，我们还要积极参与新建国际性体育社会组织，也要积极努力筹划，在我国成立国际性体育社会组织（涉外体育社会组织），服务构建开放型体育经济、体育秩序新体制。

（二）引进先进的体育理念和体育项目

体育社会组织在走向国际化的道路上，需要学习借鉴其他国家的先进体育理念和体育项目来弥补我国体育社会组织在这些方面的不足。不少国家不仅拥有先进的体育理

念，还拥有群众喜闻乐见，具有民族特色、地域特色的体育项目。我国体育社会组织可以与国外相关体育社会组织，特别是发达国家体育组织进行交流学习，从而引进国外先进的科学锻炼身体的理念、意识、方法和项目，让我国人民群众用更加科学、便捷的方法锻炼身体。

例如，国际奥委会宣布2022年冬季奥运会举办城市为北京后，冰雪运动即从之前基本局限于我国北方的小众运动一跃成为全国人民大众关注、参与的热门运动，为我国冰雪运动的发展提供了一次难得的机遇。而冰球运动作为冬奥会上受关注度最高、含金量最高、观赏性最强、最能反映一个国家冰雪运动实力的项目，是一项攻防转换最快且充满激烈身体接触的项目，比赛场面十分火爆且技战术多种多样，具有非常高的对抗性和很好的观赏性。[①]目前，我国的冰雪运动开展效果不理想，原因存在于多方面，最主要的原因是场地有限，专业人员匮乏，学习价格高昂。针对以上几个原因，我们可以通过冰球协会对外学习，引进优秀的教练员，引进更多的冰雪运动项目，从而壮大我国的冰雪运动队伍，让喜欢冰球等冰雪运动的群众，不再因为价格高昂望而却步，从而促进我国冰雪运动的快速发展。

当前，我国足球运动项目水平与其他国家存在显著差异。这种差异主要还是对足球运动意识和理念上的差异、追求目标上的差异。这就要求我国足球运动队以及足球协会进一步加强与世界不同国家足球运动组织的交流沟通，从中发现自身的不足，转变思想观念，注意相互学习，取长补短，促进我国足球事业蓬勃发展。

（三）体育交流

1. 体育项目交流合作与输出

体育项目交流合作与输出，就是体育项目既要"引进来"，也要"走出去"，互相借鉴，交流融合。借助体育社会组织这个平台实现这一目标任务更为合适。例如，以武术为代表的我国优秀的传统体育项目一直让外国民众叹为观止，深受喜爱。那么，中国武术协会，各省（自治区、直辖市）武术协会等体育社会组织就应该义不容辞，从民间交往到国家交流，做好宣传推广工作，在世界范围内进行持续的、正向的宣传，使其得到更多国外民众的认可和练习。我们其他的中华传统体育项目，如龙舟、围棋、中国象棋等也可以积极宣传推广，进一步"走出去"。

体育社会组织还需了解国外民众的需求和喜好，是竞技性强的体育项目，还是能够放松身心的休闲、娱乐体育项目。在体育项目交流合作与输出中，既要打造精品项目，走高端路线，同时也要走大众化的民间小路，争取让更多的国外民众知晓、了解、喜欢

---

① 姜珊. 限制我国冰球运动推广普及的因素和对策研究[J]. 品牌研究,2018(04):181.

我国的体育项目并积极参与和自觉推广。当然，除传统体育项目的对外交流输出外，我国的竞技体育运动项目也可积极对外输出，提升我国的国际体育地位。

2. 体育赛事交流服务与输出

近年，我国大部分体育赛事，主办单位往往都是以体育赛事服务外包的方式来进行赛事的组织与运营。体育赛事服务外包是政府或组织主办的群众性体育赛事，用市场机制（公开招标），将赛事委托外包给专业的体育赛事公司或体育社会组织来运营和组织的一种方式①。这种外包方式降低了举办群众体育赛事的交易成本，借助体育赛事公司或体育社会组织专业团队的服务，提高了群众体育赛事运营效果。

我国体育社会组织，尤其是体育社团，在我国体育赛事服务中，积累了丰富的经验，有能力承接其他国家的体育赛事外包服务，也要主动争取承接其他国家的体育赛事外包服务。我国体育社会组织在承办其他国家的体育赛事服务中，具有较大优势：一是有较丰富的经验；二是成本较低，各个国家包括发展中国家都能够承受体育赛事举办的成本费用；三是拥有专业的团队，可以为其他国家带来更专业的服务，提高体育赛事举办带来的效果，提高我国体育社会组织的影响力和知名度。

3. 体育咨询交流服务与输出

随着我国改革开放的深入开展，我国经济的发展也逐渐走向国际市场，体育咨询服务业同其他咨询服务业一样，也必将与国际市场接轨，这是大趋势。近年，在北京、上海、广州、珠海等地，有国外咨询机构或中外合资咨询机构相继开业；并且，还有一些著名的咨询机构，如加拿大资格认证管理咨询协会在北京、上海等地进行合作培训工作②。我们应该看到，一方面，我国人口众多，国家的强大，体育的强盛带动了体育产业经济的迅速发展，体育咨询服务市场潜力巨大，我们可以把体育咨询服务业作为一种产业来做。另一方面，我国体育社会组织也应该加快与国际咨询服务业接轨，努力与国外体育咨询服务等各类咨询服务机构建立合作关系，了解掌握国外咨询服务业的情况，积极学习其管理经验、咨询服务手段，以提高我们的体育咨询服务工作水平，在促进我国体育咨询服务市场完善的同时，开展涉外体育咨询服务，让体育咨询服务业走入国际市场。

体育社会组织除了体育产业咨询服务输出以外，还有体育赛事和体育科技活动服务与开发咨询服务输出。在体育活动开展与体育运动项目运作方面，我国体育社会组织可以为其他国家输出优秀资深教练员与裁判员、优秀的体育赛事组织案例与经验，让其他国家，特别是发展中国家，在接受体育赛事输出中得到益处，了解我国体育赛事的发

① 王亚坤,武传玺. 我国群众体育赛事服务外包研究[J]. 体育文化导刊,2018(08):54-58.
② 刘富生,蔺志勇. 我国体育咨询产业现状及对策分析[J]. 解放军体育学院学报,2004(02):14-16.

121

展。体育培训咨询也可以紧随其后输出各项运动的基本技术和技能，达到让外国民众了解我国科学健身、竞技体育的内容和技术水平；还可以通过体育社会组织输出专业的健康顾问，为其提供体育健身、合理膳食、合理保健等方面的建议，通过体质健康监测，为不同的人群量身定做合理有效的运动处方。

4.体育文化理念与输出

习近平总书记提出构建人类命运共同体理念，我们的发展与世界人类的发展是融为一体的。我们就要敢于担当，引领先进文化的发展，将我国的先进体育文化与其他国家的先进体育文化进行很好的交流，平等、互信、包容，既用我国先进的体育文化理念，影响国际社会，同时也吸收国外先进的体育文化为我所用，融合创新，引领世界先进体育文化的发展。

中国文化、中国体育文化"走出去"是中国和平崛起的内在要求，也是体育全球化发展的必然要求。中国体育文化作为世界体育文化的重要组成部分，有着自己独特的发展规律和表现形式，需要我们去挖掘、传播，通过向全世界传播中华民族传统体育文化，让国际体育社会了解中华民族传统体育的本质[①]。这是体育社会组织在进行体育文化交流与输出工作时应思考的问题。体育文化理念的输出：首先，要处理好西方体育文化理念与我国体育文化理念之间的包容与冲突问题；其次，要树立良好的国际体育形象，将中国体育文化理念与国际体育发展大趋势相吻合，通过文化认同、文化融合和文化建设，提升我国体育文化和体育社会组织在国际舞台上的地位。

中国体育文化理念的交流与输出还要注意以下几点：一是突出中国特色。例如，我国的女排精神让体育文化理念输出的受众准确意识到这是来自中国的先进体育文化。二是文化自信。自己对自己的体育文化自信，要输出自己感兴趣、在国内通过竞争保留下来的、受到国内民众欢迎的文化，外国民众才会欣赏与尊重。三是紧随时代潮流，与时俱进。根据时代发展和传播地域的实际情况进行适时、适度的创新发展，将对外文化学习与保持中国文化自信融为一体，对将要输出的体育文化按当地文化习俗进行一定程度的改良，交流融合，以获得输入地民众的文化认同和广泛接受。四是注意借鉴其他国家先进的体育文化理念，国与国之间的体育理念相互竞争，相互融合，取长补短，为我所用。五是要注意团结绝大多数国家，让中国的体育文化、体育体制被更多人理解，让中国民间体育爱国主义与其他国家的爱国主义彼此友好兼容，求同存异，相互支持，共同进步。

---

① 谭达顺. 在失衡的格局中失权：我国国际体育话语权现状分析及拓展路径研究——基于伦敦奥运会不公平事件的思索[J]. 成都体育学院学报，2013(05):20-24.

（四）参与国际体育治理和国际体育标准制定

当前国际体育秩序错综复杂、竞争激烈，国际体育标准特别是竞技体育比赛规则的制定权、参与权，是各个国家（地区）积极争夺的关键。只有取得了规则的制定权，才能真正在国际体育治理、国际体育标准制定中有话语权，才能真正让我国优秀的传统体育项目、体育文化、体育理念走上国际舞台，引领国际体育舞台。以体育社会组织的名义代表国家参与国际体育治理是非常合适的，容易被国际体育界接纳、认可。所以，我国的各类体育社会组织要积极争取参与国际体育治理和国际体育标准制定，让中国体育从规则的适应者转变为规则的制定者。

（五）争取国际资助

我国体育社会组织接受来自国外的资助，并对国外的体育公益事业进行资助，是我们实现体育社会组织国际化的又一途径。因此，一方面我们要精细分析国外的运作模式，学习他们成功获得海外资助的经验；另一方面我们要加强与国外的交往，加强与国外体育领域和体育社会组织的联系，建立国际化战略路线，加大我国慈善事业和体育公益事业的宣传，分析资助领域，寻求与我国体育资助相匹配的项目，争取更多的国际资助[①]。同时，在力所能及的情况下，我们也要对国外的体育公益事业予以资助。

三、正确把握体育社会组织国际化和本土化的关系

我国体育社会组织国际化是未来的发展方向，但在国际化的进程中不能丢掉中国本土特色。中国本土特色是我们的根本和根基，丢掉这个根基就不是中国体育社会组织，中国体育社会组织将成为无源之水、无本之木，发展方向不明，发展后劲不足。

（一）坚持中国特色发展模式和治理机制自信

习近平总书记在庆祝中国共产党成立95周年大会上指出："坚持不忘初心、继续前进，就要坚持中国特色社会主义道路自信、理论自信、制度自信、文化自信。"这"四个自信"同样适用于体育社会组织的发展与治理，尤其是制度自信，文化自信。

体育社会组织的发展，要自信中国几千年以来形成的文化是优秀的，具有它的合理性和人类社会发展的先进性，适用于中国国情和中国民众的风俗习惯和文化心理。国外的发展模式有其先进性，要学习、借鉴，要吸收对我们有益的东西，但不能不加区别，完全照搬。例如，德国、英国的体育社会组织主要是以体育俱乐部的形式存在，竞技体

---

① 张澧生. 社会组织治理研究[M]. 北京:北京理工大学出版社,2015.

育和群众体育没有明确的区别，就不适合当前中国民众和中国国情，因此，要坚持中国文化特色发展模式。在治理机制方面，实践证明中国共产党的领导是正确的，社会主义制度是优越的，中国体育社会组织要在中国共产党的领导下、在社会主义制度法律法规框架下才能发展壮大，健康成长。因此，中国体育社会组织发展模式必须本土化，治理机制必须中国化。要建立文化自信和制度自信，体现中国特色，适用的才是最好的，成功的才是正确的。

（二）国际化进程中巩固本土特色

体育社会组织在实现国际化的进程中不能忘记中国本土特色，不能丢掉中国本土特色，而是要巩固本土特色。体育社会组织在输出优秀体育文化理念的过程中，要明确这是中国优秀的体育文化。为使国外民众容易接受、容易理解改良的体育文化理念，体育项目也要认真梳理，保持浓厚的中国元素、中国精神；并要强化、坚持、巩固中国元素，彰显不可替代的中国特色。体育社会组织本身在国际社会的活动、交往、工作及发展中也要保持、巩固中国文化、中国特色、中国精神。这样，才能使我国体育社会组织在国际社会中具有强大的生命力、亲和力、影响力。

结　语

2020年9月22日，习近平总书记在主持召开的教育文化卫生体育领域专家代表座谈会上强调："体育是提高人民健康水平的重要途径，是满足人民群众对美好生活向往、促进人的全面发展的重要手段。""要紧紧围绕满足人民群众需求，构建更高水平的全民健身公共服务体系。"①当前，社会组织已成为社会管理、公共服务的重要角色。体育社会组织是组织全民健身活动、体育教育活动不可或缺的主角，是构建全民健身公共服务体系和建设体育强国的重要力量。为了使体育社会组织能够健康有序发展，发挥出更大的作用和功能，主动参与社会治理，担当重要的历史使命，必须纵向、横向对比研究，经验借鉴，深入改革，建立新的符合我国国情的体育社会组织治理机制和发展模式，具体如下。

第一，体育社会组织与其他社会组织一样，不是孤立地存在，而是整个社会大系统中的一部分，社会化是它的根本属性。因此，体育社会组织必须与社会发展同步，与我国的改革开放和各项事业的发展同步，融入当下整个社会大系统，适应当今的社会环境，适应我国人民群众体育健身和追求美好生活的需要，通过卓有成效的工作，使人民群众身心愉悦、身体健康，具有获得感、幸福感。

第二，发展模式必须本土化。中国国情与西方发达国家不同，西方国家的有益经验可以借鉴，但绝不能照搬。例如，德国、英国体育健身的普遍方式是加入体育俱乐部，而我国人口众多，地域辽阔复杂，经济收入不同，民族众多，风俗习惯差异大，消费观念不一样，普遍发展体育健身俱乐部是行不通的。因此，体育社会组织必须"因地制宜"，发展不同形式、不同内容、不同规模的体育社团和基层草根体育健身组织，包括一些田间地头的体育锻炼小组、自发的广场舞锻炼小组、体育单项兴趣小组、晨跑晨练小组等。这些基层草根体育社会组织可以实行备案制管理并支持他们向体育社团发展。体育健身俱乐部和网络体育组织则可以在大中城市和经济收入高的人群中发展。

第三，治理机制构建必须中国化。在体育社会组织治理方面，一定要符合中国国情，构建有中国特色的体育社会组织评估体系和治理机制。例如，自主管理、民主决策、社会监督、舆论监督、充分发挥理事会、监事会的作用、降低成立登记门槛，这些

---

① 新华社. 习近平主持召开教育文化卫生体育领域专家代表座谈会并发表重要讲话[DB/OL]. 中华人民共和国中央人民政府网, http://www.gov.cn/xinwen/2020-09/22/content_5546100.htm[2020-9-23].

是应该的。但是，政府的监管、宏观调控、政策支持、奖罚分明、党组织建设、发挥党的领导作用和党员的先锋模范作用也是不可少的。因此，在评估指标体系中，加入了党的建设，为党和国家的重点领域、重点工作服务等内容。当然，在外部治理方面，体育社会组织能否健康有序发展，国家的政策导向至关重要。我们应该在现有的基础上，根据不同时期的不同情况，出台相应的符合中国国情的体育社会组织改革激励措施及相关法律法规，施行分类管理，落实综合监管，形成监管合力，引导它们向着国家需要的方向，规范、健康、有序、高质量地发展。

第四，民间性、公益性的特质不能改变。中共中央办公厅、国务院办公厅在2015年就发出了《行业协会商会与行政机关脱钩总体方案》的通知，几年来，各地遵照执行，使体育社会组织回到了民间性（非政府性）的发展轨道。我们必须坚持这一发展路径，保证体育社会组织的发展秩序，使体育社会组织健康自主发展。公益性（非营利性）是我国社会组织的本质属性，是我国公益事业的一部分，必须坚持这一属性。正如《社会团体登记管理条例》《民办非企业单位登记管理暂行条例》《基金会管理条例》三个条例中明确规定："社会团体是按照其章程开展活动的非营利性社会组织。""民办非企业单位是"从事非营利性社会服务活动的社会组织。""基金会是以从事公益事业为目的，按照本条例的规定成立的非营利性法人。"是否具有公益性，也是我们考核评估体育社会组织的重要原则。

第五，我国体育社会组织今后的发展方向具体如下：①与政府合作，承接政府转移的体育公共服务职能，有效承接政府的购买服务。②政府、企业、社会组织三方合作，共同参与国家治理、社会治理，充分发挥桥梁纽带作用，是体育社会组织今后国内的发展方向和大趋势。③与国际接轨，走国际化发展道路，同时保持本土特色，提高体育社会组织的国际影响力，赢得国际社会的支持和资助，间接提高国家的国际影响力，是我国体育社会组织的国际发展方向和趋势。

第六，为国家排忧解难，为中华民族的伟大复兴作贡献，是体育社会组织义不容辞的责任。体育社会组织要积极关注、参与、服务国家重点领域和重点工作，在推进体育强国建设、"健康中国"建设，推进全民健身与全民健康深度融合，促进人的全面发展，提高中华民族整体健康素质的历史使命中，从小事做起，从具体的事情做起。例如，支持、参与、服务国家的乡村振兴工作；应急抢险救灾；在"深化体教融合，促进青少年健康发展"的国家重要举措中，积极参与学校体育工作，为学校和学生提供体育教学和体育教练服务，弥补学校体育课的不足；在为国家、社会、民众的服务中，充当好志愿者、培训好志愿者、管理好志愿者。总之，我国各级各类体育社会组织要脚踏实地，与时俱进，勇于担当，勇于创新，不忘使命，积极承担好体育社会组织应尽的责任和义务，为国家、为民族、为社会做出应有的贡献。

参 考 文 献

[1] JAMES M FERRIS. The role of nonprofit sector in a self-governing society：A view from the United States . Voluntas：International Journal of Voluntary and Nonprofit Organizations，1998，9(02)：137-151.

[2] 莱斯特·M. 萨拉蒙. 全球公民社会：非营利部门视界[M]. 贾西津，魏玉，等译. 北京：社会科学文献出版社，2002.

[3] 盛莉. 中国社会公益供给状况及机制研究[D]. 南京：南京师范大学，2007.

[4] 黄峥烽. 论基金会法人地位的定位[J]. 重庆科技学院学报(社会科学版)，2009(08)：33-34.

[5] 王晓芳，张瑞林，王先亮. 中外体育非营利组织税收优惠比较研究[J]. 成都体育学院学报，2014(02)：21-25.

[6] 贾西津. 国外非营利组织管理体制及其对中国的启示[J]. 社会科学，2014(04)：45-50.

[7] 杜志娟，苗大培. 国内外体育非营利组织的评估[J]. 体育学刊，2009(12)：40-43.

[8] STUFFLEBEAM. Evaluation models[M]. San Francisco：Jossey Bass press，2007.

[9] 金斯伯格. 金斯伯格社会工作评估：原理与方法[M]. 黄晨熹，译. 北京：华东理工大学出版社，2005.

[10] 彼得·罗西，霍华德·弗里曼，马克·李普希. 项目评估方法与技术[M]. 邱泽奇，译. 北京：华夏出版社，2002.

[11] CUCUI GHEORGHE GABRIEL，CUCUI IONELA ALINA. Researches on redesigning the management system in sports organizations (Note II)[J]. Studia Universitatis Babeş-Bolyai Educatio Artis Gymnasticae，2018，63(4).

[12] JOSEF FAHLÉN，CECILIA STENLING. (Re)conceptualizing institutional change in sport management contexts：the unintended consequences of sport organizations' everyday organizational life[J]. European Sport Management Quarterly，2019，19(02)：265-285.

[13] RAFAEL BAUTISTA CANO，CARLOS ALBERTO FLÓREZ MORENO. Sports organizations and quality self-diagnostic tool[J]. Visión electrónica，2019，13(02)：350-357.

[14] PATTI MILLAR，ALISON DOHERTY. Readiness to build capacity in community sport organizations[J]. Managing Sport and Leisure，2020，26(04)：1-9.

[15] STRITTMATTER A MARIA, HANSTAD DAG VIDAR, SKIRSTAD BERIT. Facilitating sustainable outcomes for the organization of youth sports through youth engagement [J]. Sustainability, 2021, 13 (04): 2101.

[16] 王名. 社会组织概论 [M]. 北京: 中国社会出版社, 2010.

[17] 刘明. 中国非营利组织: 定义、发展与政策建议 [J]. 科技信息 (科学教研), 2007 (19): 407.

[18] 张雪. 从宏观到微观: 非营利组织与政府关系研究述评 [J]. 华东理工大学学报 (社会科学版), 2016, 31 (02): 25-33.

[19] 雷浩伟, 吴晓凤, 田田. PPP模式在政府购买公共服务中的运用分析 [J]. 决策与信息, 2017 (07): 77-81.

[20] 袁萱. 论我国政府与非营利组织的关系及其发展路径 [J]. 学理论, 2015 (25): 106-107.

[21] 汪流. 改革开放以来我国体育社会组织发展: 问题反思与策略探讨 [J]. 河北体育学院学报, 2016, 30 (04): 1-6.

[22] 汪美芳, 梁占歌. 体育社会组织治理的发展历程与未来展望 [J]. 合肥师范学院学报, 2020, 38 (06): 12-15.

[23] 王春顺, 向祖兵, 李国泰, 等. 社会组织承接政府购买公共体育服务的路径与策略 [J]. 体育科学, 2019, 39 (08): 87-97.

[24] 钱学峰, 田茵, 罗冰婷. 学校体育场馆向社会开放的协同治理机制探析——以体育社会组织的功能释放为视角 [J]. 沈阳体育学院学报, 2019, 38 (01): 39-45.

[25] 李金锋. 美、德、日国外社区体育健身俱乐部发展对我国的启示 [J]. 电子制作, 2014 (15): 275.

[26] 魏鹏娟. 我国体育非营利组织筹资机制的调整与转变 [J]. 体育世界 (学术版), 2019 (04): 57-58.

[27] 黄亚玲. 论中国体育社团——国家与社会关系转变下的体育社团改革 [D]. 北京: 北京体育大学, 2003.

[28] 宛丽, 罗林. 体育社团的合法性分类及发展对策 [J]. 北京体育大学学报, 2001 (02): 155-157

[29] 周进国, 周爱光. 发达国家体育社团发展的经验与启示 [J]. 广州体育学院学报. 2017, 37 (01): 8-11.

[30] 戴文忠, 栾开封. 中国与英国、瑞典体育管理体制比较 [J]. 体育文化导刊, 1999 (01): 20-22.

[31] 杨文轩, 陈琦. 体育概论: 第三版 [M]. 北京: 高等教育出版社, 2021.

[32] 卢元镇.论中国体育社团[J].北京体育大学学报,1996(01):1-7.

[33] 岳颂东.市场经济条件下的社团组织[J].中国青年科技,1999(64):60-62.

[34] 黄亚玲.论中国体育社团——国家与社会关系转变下的体育社团改革[D].北京:北京体育大学,2003.

[35] 王东升,余伟俊,孙毅.我国非营利性体育组织发展困境分析[J].体育文化导刊,2012(06):21-24.

[36] 汪焱,王凯珍,汪流,等.社会责任对体育社团组织绩效的影响研究[J].体育与科学,2023,44(06):90-100.

[37] 汪流.我国体育类民间组织现状与未来发展思路[J].成都体育学院学报,2008(01):22-26.

[38] 汪流,李捷.北京市体育社会组织发展研究[J].北京社会科学,2010(02):59-63.

[39] 汪流,王凯珍.我国体育类民办非企业单位发展研究[J].北京体育大学学报,2010,33(08):23-26.

[40] 汪流,王凯珍.体育类民办非企业单位发展——京、沪、青岛三地的比较[J].北京体育大学学报,2011,34(01):24-28.

[41] 赖齐花,张荣贤,刘莎.体育类民办非企业单位管理体制研究[J].体育文化导刊,2011(04):13-15.

[42] 王铮,张远蓉.基于市民社会和法团主义理论对我国体育非营利组织发展的思考[J].南京体育学院学报,2011,25(5):39-41.

[43] 谢文胜,李井海.体育类民办非企业单位评估体系研究[J].广州体育学院学报,2012(09):40-45.

[44] 赵子江.我国体育民间组织概念及分类研究述评[J].首都体育学院学报,2013(01):11-14.

[45] 许宁.体育类民办非企业单位法律地位及发展困境探析[J].浙江体育科学,2014(05):7-9.

[46] 许宁,黄亚宁.体育类民办非企业单位的资产困境与路径选择——资源依赖理论的视角[J].天津体育学院学报,2016,31(01):18-23.

[47] 刘雨多.中华全国体育基金会的运作模式研究[J].灌篮,2019(11):205.

[48] 张宗银,张丽颖.我国公募与非公募体育基金会对比研究[J].体育成人教育学刊,2018,34(06):48-51.

[49] 蔡立辉,王乐夫.公共管理学[M].北京:中国人民大学出版社,2018.

[50] 王雪梅. 社会学概论[M]. 北京：中国经济出版社,2001.

[51] 钟玉英. 社会学概论[M]. 广州：华南理工大学出版社,2011.

[52] 陈芳,袁建伟. 体育社会组织在开展全民健身活动中的作用[J]. 体育研究与教育,
2012（02）:10-12.

[53] 孔德甲. 民间组织培育与政府职能转变[J]. 中共成都市委党校学报,2004(01):43-45.

[54] 郝亮. 政府职能转变背景下社区体育社会组织的社会责任探析[J]. 中国学校体育（高
等教育）,2014(02):12-15.

[55] 夏瑜. 从社会组织看和谐社会与政府职能转变[J]. 现代交际,2011(08):92-93.

[56] 陈运雄,余晶. 论非政府组织在政府职能转变中的作用[J]. 改革与开放,2014(19):5-6.

[57] 张福利,张赢盈. 全国医学类院校创新创业教育基础指南[M]. 西安交通大学出版社,
2018.

[58] 刘国永. 实施全民健身战略 推进健康中国建设[J]. 体育科学,2016(12):3-10.

[59] 王名. 中国社团改革：从政府选择到社会选择[M]. 北京：社会科学文献出版社,2010.

[60] 赵煊民. 美中非营利体育组织比较研究——从BGCA看中国青少年体育俱乐部[D].
北京：北京体育大学,2011.

[61] 虞荣娟. 中美德日大众体育比较研究[J]. 体育文化导刊,2010(04):40-44.

[62] 杨斌. 中日两国大众体育发展的比较研究[D]. 重庆：西南师范大学,2005.

[63] 周宏春. 绿色消费的社会治理体系研究[J]. 中国环境管理,2020(01):31-36.

[64] 俞可平. 治理与善治[M]. 社会科学文献出版社,2000.

[65] 陈广胜. 走向善治：中国地方政府的模式创新[M]. 杭州：浙江大学出版社,2007.

[66] 徐飞,杨凤,张鑫. 基于多中心治理理论的辽宁省食品安全规制治理路径重构[J]. 消费
导刊,2017(13):15-16.

[67] 刘昱君. 河南省政府购买公共服务问题研究：基于多中心治理理论的分析[D]. 南宁：
南宁师范大学,2019.

[68] 孙柏英. 当代地方治理：面向21世纪的挑战[M]. 北京：中国人民大学出版社,2004.

[69] 李谨,张坤. 公共事业管理中心政府失灵现象研究[J]. 劳动保障世界,2016(07):169-
171.

[70] 徐红,陈承. 构建与实施高校科研评价体系研究[M]. 武汉：华中师范大学出版社,
2019.

[71] 邓国胜. 非营利组织APC评估理论[J]. 中国行政管理,2004(10):33-37.

[72] A PARSU PARASURAMAN, VALARIE A ZEITHAML, LEONARD L BERRY. Servqual：A multiple-item scale for measuring consumer perceptions of servce quality[J]. Journal of Retailing，1988，64（01）：46-48.

[73] 晓剑. 第三方评估——政府考评方式的创新[N]. 中国劳动保障报，2017（02）：1.

[74] 国家民间组织管理局. 中国民间组织评估[M]. 北京：中国社会出版社，2007.

[75] 李世友.社会组织承接公共服务的困境与提升路径研究[D]. 南昌：南昌大学，2017.

[76] 姚锐敏.困境与出路：社会组织公信力建设问题研究[J].中州学刊，2003（01）：62-67.

[77] 刘洋，钱建东，邸慧君，等.体育类民办非企业单位发展困境研究[J].体育文化导刊，2017（07）：24-28.

[78] 俞琳，曹可强，沈建华，等.非营利性组织在公共体育服务中的作用[J].体育科研，2008（02）：42-46.

[79] 孙璐.体育类民办非企业单位的治理研究[D]. 北京：北京体育大学，2016.

[80] 弗莱蒙特·史密斯. 非营利组织的治理：联邦与州的法律与规制[M]. 金锦萍，译. 北京：社会科学文献出版社，2016.

[81] 颜克高.公益基金会的理事会特征与组织财务绩效研究[J]. 中国经济问题，2012（01）：84-91.

[82] 吴远霞. 我国慈善基金会监管法律制度研究[D]. 贵阳：贵州大学，2016.

[83] 康昌发，欧阳柳青，杨梅.试论中国体育的国际化[J]. 西安体育学院学报，2002（03）：10-12.

[84] 彭善民. 枢纽型社会组织建设与社会自主管理创新[J]. 江苏行政学院学报，2012（01）：64-67.

[85] 秦海生. 河南省市级体育社团实体化发展之研究[J]. 吉林体育学院学报，2010（06）：171-173.

[86] 冯欣欣，曹继红. 资源依赖视角下我国体育社团与政府的关系及其优化路径研究[J].天津体育学院学报，2013（05）：382-386.

[87] 李超民，曾利. 中国智慧社会建设的理论探索与实践逻辑[J]. 晋阳学刊，2021（04）：103-111.

[88] 吴忠民. 中国转型期社会问题的主要特征及治理[J]. 山东社会科学，2020（06）：58-68.

[89] 任海. 中国体育治理逻辑的转型与创新[J]. 体育科学，2020（07）：3-13.

[90] 田俊国. 领导者的立体精进[J]. 商业评论，2020（08）：120-133.

体育社会组织

发展模式探索

[91] 康昌发,欧阳柳青,杨梅.试论中国体育的国际化[J].西安体育学院学报,2002(03):10-12.

[92] 张伟,张廷晓.我国国际体育话语权的对称性实现研究[J].沈阳体育学院学报,2018(06):80-84.

[93] 姜珊.限制我国冰球运动推广普及的因素和对策研究[J].品牌研究,2018(04):181.

[94] 王亚坤,武传玺.我国群众体育赛事服务外包研究[J].体育文化导刊,2018(08):54-58.

[95] 刘富生,蔺志勇.我国体育咨询产业现状及对策分析[J].解放军体育学院学报,2004(02):14-16.

[96] 谭达顺.在失衡的格局中失权:我国国际体育话语权现状分析及拓展路径研究——基于伦敦奥运会不公平事件的思索[J].成都体育学院学报,2013(05):20-24.

[97] 张澧生.社会组织治理研究[M].北京:北京理工大学出版社,2015.

附　　录

附录1　体育社会组织章程示范文本

附1.1　体育社会团体章程示范文本

第一章　总则

第一条　本社团的名称是_____。〚体育社会团体名称应与其宗旨、业务范围、会员分布和活动地域相一致，依次由三方面构成：行政区域的名称、业务范围的反映、社会团体性质的标识。专业性社团一般称协会，学术性社团一般称学会、研究会，联合性社团一般称联合会、促进会、商会、校友会。〛

第二条　本社团是由_____（个人、单位等）自愿组成的_____（专业性、学术性、联合性）的非营利性体育社会团体法人。

第三条　本社团的宗旨是_____。〚宗旨应当充分体现成立体育社团的目的，并与社团名称的内在含义相一致，其中必须载明"遵守国家的法律、法规和政策，遵守社会道德风尚"。〛

第四条　本社团的登记管理机关是_____（全称，指省/市/县民政厅/局），业务指导单位是_____省（自治区、直辖市）_____市/县人民政府相关职能部门。本团体接受登记管理机关、业务指导单位以及行业管理部门和其他部门依法在其职权范围内的监督管理和指导服务。〚适用于直接登记的体育社会团体〛

本社团的登记管理机关是_____（全称，指省/市/县民政厅/局），本团体的业务主管单位是_____（全称）。本团体接受登记管理机关、业务主管单位以及行业管理部门和其他部门依法在其职权范围内的监督管理和指导服务。〚适用于非直接登记的体育社会团体〛

第五条　本团体可以根据工作需要设立分支机构、代表机构。本团体的分支机构、代表机构是本团体的组成部分，不具有法人资格，不得另行制订章程，在授权的范围内发展会员、开展活动，法律责任由本团体承担。

第六条　本团体的住所设在_____。〚载明/省（自治区、直辖市）/市/县〛

第二章　业务范围和活动原则

第七条　本团体的业务范围：

（一）＿＿＿＿＿＿＿；……。

〖业务范围是为实现其宗旨而开展的具体事务，内容必须具体、明确，符合社会团体的性质和特点。法律法规规章明确规定须经有关部门批准方可开展的活动，应当依法经过批准.〗

第八条　本团体的活动原则：

（一）本团体法人治理应当符合国家有关法律法规的规定；（二）本团体按照登记管理机关核准的章程开展非营利性活动，不从事商品销售，经费用于本章程规定的业务范围，不在会员和负责人中分配；（三）本团体建立决策机构、执行机构及监督机构等相互监督机制，实行民主选举、民主决策、民主监督；（四）本团体开展业务活动时，遵循诚实守信、公正公平的原则，不弄虚作假，不损害国家、本团体和会员的利益；（五）本团体遵循科学办会原则，不从事封建迷信宣传和活动；……。

第三章　会员

第九条　本团体由个人会员（单位会员/个人会员和单位会员联合）组成。

第十条　申请加入本团体，应当拥护本团体章程，有加入本团体意愿。

个人会员具备下列条件：（一）＿＿＿＿＿＿＿；……。

单位会员具备下列条件：（一）＿＿＿＿＿＿＿；……。

〖社会团体应当分别确定单位会员和个人会员的条件，必须具体明确其从事的专业或业务须与社会团体的业务范围相关。〗

第十一条　会员入会的程序：

（一）提交入会申请书；（二）经理事会讨论通过；（三）理事会或理事会授权的机构（如常务理事会、秘书处等）发给会员证；（四）及时在本团体网站、通讯刊物等予以公告。

第十二条　本团体建立全体会员名册，明确会员、理事、常务理事、监事以及会长、常务副会长、副会长、监事长、秘书长等负责人职务，作为证明其资格的充分证据。会员资格发生变化的，及时修改名册并予以公告。

第十三条　会员享有下列权利：

（一）本团体的选举权、被选举权和表决权；（二）参加本团体的活动权；（三）获得本团体服务的优先权；（四）入会自愿、退会自由权；（五）本团体章程、会员名册、会议记录、会议决议、财务审计报告等知情权；（六）批评建议权和监督权；……。

第十四条　会员履行下列义务：

（一）遵守本团体的章程；（二）执行本团体的决议；（三）维护本团体的合法权益；（四）完成本团体交办的工作；（五）向本团体反映情况，提供有关资料；（六）按规定交纳会费；……。〔可自行确定其他的权利和义务，但必须符合有关法律、法规、规章和政策规定。〕

第十五条　会员退会应书面通知本团体，并交回会员证。会员超过＿＿＿＿＿＿年不履行义务的，可视为自动退会。

第十六条　会员有下列情形之一的，其相应会员资格终止：

（一）申请退会的；（二）不符合本团体会员条件的；（三）严重违反本团体章程及有关规定，给本团体造成重大名誉损失和经济损失的；（四）被登记管理部门吊销执照的；（五）受到刑事处罚的；……。

会员资格终止的，本团体收回其会员证，并及时在本团体网站、通讯刊物上更新会员名单。

第十七条　会员如有严重违反本章程的行为，经理事会（或常务理事会）表决通过，可以暂停其会员资格或者予以除名。会员退会、被暂停会员资格或者被除名后，其在本团体相应的职务、权利、义务自行终止。

第四章　组织机构

第十八条　本团体实行民主办会。领导机构的产生和重大事项的决策，须经民主表决通过，按少数服从多数的原则作出决定。

第十九条　本团体的负责人是指会长（或称理事长）1名、副会长（或称副理事长）若干名、秘书长。〔有设置执行会长或常务副会长的，也属于本团体负责人。负责人总数一般不超过理事会总人数的三分之一，一般不少于7人，且为奇数。〕

第二十条　本团体负责人应当遵守法律、法规和章程的规定，忠实履行职责，维护本团体的权益，遵守下列行为准则：

（一）在职务范围内行使权利，不越权；（二）不得利用职权为自己或他人谋取不正当利益；（三）不得从事损害本团体利益的活动；（四）国家机关工作人员或退（离）休干部（包括领导职务和名誉职务、常务理事、理事、监事等），须按干部管理权限审批或备案后方可兼职；……。

第二十一条　本团体的最高权力机构是会员（代表）大会。会员（代表）大会每届任期＿＿＿＿＿＿年（一般为3～5年）。会员（代表）大会每年至少召开一次，遇特殊情况由理事会决定随时召开。

〔会员数量在200个以上的体育社会团体，可推选代表组成会员代表大会，代行会员大会职权。会员代表大会代表以民主的方式产生，一般不少于全体会员的三分之一。〕

第二十二条　会员（代表）大会的职权：

（一）制定、修改章程；（二）制定、修改会费标准；（三）制定、修改选举办法；（四）选举或者罢免理事、监事长、监事；（五）选举或者罢免会长、副会长、秘书长等负责人（本团体负责人由会员（代表）大会直接选举和罢免的，应当在本条中载明。）；（六）审议理事会、监事会的工作报告和财务报告；（七）审议理事会的年度财务预决算方案；（八）对本团体更名、重大事项变更、终止解散和清算等事项做出决议；（九）改变或者撤销理事会不适当的决定；……。

〖社会团体可自行确定其他的职权，但必须符合有关法律、法规、规章和政策规定。〗

第二十三条　会员（代表）大会须有2/3以上的会员（代表）出席方能召开，其决议须经到会会员（代表）半数以上表决通过后生效。修改章程、组织解散等重大事宜，须经出席会议的会员（代表）2/3以上表决通过。

第二十四条　会员（或会员代表）可以书面委托其他会员（代表）作为代理人出席会议，代理人应于会员（代表）大会前将书面授权委托书送交本团体秘书处备案，在授权范围内行使表决权。

第二十五条　本团体召开会员（代表）大会，须提前＿＿＿＿＿＿＿日（不少于3日）将大会的时间、地点和议题通知各会员（代表）。

第二十六条　会员（代表）大会选举理事，组成理事会。理事会为本团体的执行机构，负责领导本团体开展日常工作，对会员（代表）大会负责。理事会任期＿＿＿＿＿年（应与会员大会的届期一致）。理事人数为会员（代表）的＿＿＿＿＿＿＿％。〖一般不超过会员总数的三分之一，理事人数一般不少于7人，且为奇数。〗

第二十七条　理事会到期应当召开会员（代表）大会进行换届选举。如因特殊情况不能按时换届的，应经本团体理事会通过（有业务主管单位的，报业务主管单位审查同意），向登记管理机关申请，经登记管理机关审核，可提前或延期换届。换届延期最长一般不超过一年。遇特殊情况，理事会认为有必要或者五分之一以上的会员提议，可召开临时会员（代表）大会。

第二十八条　本团体理事应当符合以下条件：

（一）＿＿＿＿＿＿＿；……。

第二十九条　单位理事的代表由该单位的主要负责人担任。单位调整理事代表，由其书面通知本团体，报理事会或者常务理事会备案。该理事同时为常务理事的，一并调整。

第三十条　理事会的职权：

（一）召集会员（代表）大会；（二）制定会员代表产生办法和分配名额；（三）向

会员（代表）大会提交工作报告和财务报告；（四）执行会员（代表）大会决议；（五）选举和罢免常务理事和会长、副会长、秘书长等负责人（本团体负责人直接由会员（代表）大会选举和罢免的，不用在本条中载明）；（六）决定会员的吸收或除名；（七）制定内部管理制度，拟定年度财务预决算，领导各机构开展工作；（八）表决内设机构、分支机构、代表机构的设立、变更和终止；（九）审议秘书长的工作报告，检查秘书长的工作；（十）表决副秘书长和各机构主要负责人的聘免；（十一）表决各机构工作人员的聘免；（十二）改变或者撤销常务理事会不适当的决定（适用设置常务理事会的情形）；……＿＿＿＿＿＿；表决其他重大事项。〖社会团体可自行确定其他的职权，但必须符合有关法律、法规和政策。〗

第三十一条　理事会每年召开＿＿＿＿＿＿次（至少2次）会议，情况特殊可随时召开。增补理事，须经会员（代表）大会选举。特殊情况下可由理事会补选，但补选理事须经下一次会员（代表）大会确认。

第三十二条　理事会会议由会长负责召集和主持。会长因故不能出席会议的，由会长授权的副会长或秘书长主持。召开理事会会议，会长或召集人需提前3日通知全体理事并告知会议议题。理事会会议，应由理事本人出席。理事因故不能出席，须书面委托其他理事代为出席，委托书中应载明授权事项。

有下列情形之一的，会长在5个工作日内召集理事会临时会议：

（一）会长认为必要时；（二）三分之一以上理事联名提议时；（三）监事提议时。三分之一以上理事联名提议召开理事会临时会议时，应提交由全体联名理事签名的提议函。监事提议召开理事会临时会议时，应递交由过半数监事签名的提议函。提议召开理事会临时会议的提议者均应提出事由及议题。

第三十三条　理事会会议应当有会议记录，出席会议的理事对本次理事会会议记录进行核实，并在会议记录上签名。出席会议的理事有权要求在记录上对其在会议上的发言做出说明性记载。

第三十四条　理事会会议须有三分之二以上理事出席方能召开；理事会决议须经出席理事三分之二以上通过方为有效。

第三十五条　本团体设常务理事会，是理事会的常设机构，由会长、常务副会长、副会长、常务理事组成。常务理事会在理事会闭会期间行使本章程第三十条第二、四、六、七、八、九、十、十一、十二项的职权，对理事会负责。常务理事会与理事会任期一致。

〖理事人数在50人以上的社会团体，可设立常务理事会。常务理事由会员（代表）大会直接选举产生，或由理事会选举产生，常务理事一般为理事的三分之一，一般不少

于5人，且为奇数。理事人数较少的，可不设常务理事会。〗

第三十六条　常务理事会至少每半年召开一次会议，情况特殊可随时召开。增补常务理事，应经理事会选举。特殊情况下可由常务理事会补选，但补选的常务理事应经下一次理事会确认。

第三十七条　常务理事会会议由会长负责召集和主持。经会长或者有三分之一以上常务理事提议，或过半数监事提议，应当召开常务理事会会议。召开常务理事会会议，会长或召集人需提前_____日通知全体常务理事并告知会议议题。三分之一以上常务理事联名提议召开常务理事会临时会议时，应提交由全体联名常务理事签名的提议函。监事提议召开常务理事会临时会议时，应递交由过半数监事签名的提议函。提议召开常务理事会临时会议的提议者均应提出事由及议题。

第三十八条　常务理事会会议，应由常务理事本人出席。常务理事因故不能出席，可以书面委托其他常务理事代为出席，委托书中应载明授权事项。常务理事会会议应当有会议记录，出席会议的常务理事对本次常务理事会会议记录进行核实，并在会议记录上签名。出席会议的常务理事有权要求在记录上对其在会议上的发言做出说明性记载。

第三十九条　常务理事会须有三分之二以上常务理事出席方为有效，其决议须经出席常务理事三分之二以上表决通过方能生效。

第四十条　本团体会员（代表）大会、理事会（常务理事会）、监事会进行表决，应当采取民主方式进行。选举理事、常务理事、监事长、监事以及负责人，应当采取无记名投票方式进行。

以上会议应当制作会议记录，形成决议的，应当制作会议纪要和会议决议。理事会、常务理事会、监事会的会议决议应当由出席会议的理事、常务理事、监事当场审阅签名。会员有权查阅本团体章程、规章制度、各种会议决议、会议纪要和财务会计报告。

第四十一条　本团体会长为法定代表人。本团体法定代表人不得同时担任其他社会团体的法定代表人。法定代表人应当由中国内地居民担任。〖涉外体育社会组织不在此规定内。〗

〖法定代表人一般由会长担任，如因特殊情况需由副会长或秘书长担任的，应在本条中载明，并经登记管理机关批准后，方可担任。有业务主管单位的，事先报业务主管单位审查同意。〗

第四十二条　需要本团体会长即法定代表人做出决定而法定代表人因特殊原因不能履行职责的，由理事会按少数服从多数的原则做出决定并形成决议。

第四十三条　本团体负责人需具备下列条件：

（一）坚持党的路线、方针、政策；（二）业内公认具有丰富的专业知识，良好的组织领导能力及协调能力，社会信用良好；（三）在本团体业务领域内有较大的影响和较高的声誉；（四）最高任职年龄一般不超过70周岁，身体健康，能坚持正常工作；（五）未受过剥夺政治权利的刑事处罚的；（六）具有完全民事行为能力；（七）能够勤勉履行职责、维护本团体和会员的合法权益；（八）无法律法规规章和政策规定不得担任的其他情形；……_____。

第四十四条　本团体负责人的任期与理事会的届期相同，会长、法定代表人连任一般不超过两届。因特殊情况需继续连任的，须采取差额选举方式，经会员（代表）大会表决通过，经登记管理机关审批备案后，方可任职。〖有业务主管单位的，报业务主管单位审查同意。〗

第四十五条　本团体会长行使下列职权：

（一）召集、主持理事会（常务理事会）；（二）检查各项会议决议的落实情况；（三）领导理事会（常务理事会）工作；（四）代表本团体签署重要文件；……_____；章程规定的其他职权。

〖本条中的第四项为社会团体法定代表人职权，如社会团体的法定代表人不是由会长担任的，则本条中的第四项不作表述，应当另写一条法定代表人行使的职权。〗

第四十六条　秘书长在理事会领导下开展工作，行使下列职权：

（一）主持内设机构开展日常工作；（二）列席理事会、常务理事会和会员大会（或者会员代表大会）（适用于秘书长聘任产生的社会团体）；（三）提名副秘书长及内设机构和实体机构主要负责人，交理事会或者常务理事会决定；（四）提议专职工作人员的聘免，交理事会或常务理事会决定；（五）拟定年度工作报告和计划，报理事会或常务理事会审议；（六）拟订内部管理规章制度，报理事会或常务理事会批准；（七）拟订年度财务预算、决算报告，报理事会或常务理事会审议；（八）协调各分支机构、代表机构、实体机构开展工作；……_____；处理其他日常事务。

第四十七条　本团体设监事会，由会员（代表）大会选举产生。监事会设监事长1名，监事若干名。监事会任期与理事会任期一致，期满可以连任，但不超过两届。〖会员50人及以上的，设监事会，监事会须3人以上，且为单数。〗

本团体设监事_____名，由会员（代表）大会选举产生。监事任期和理事任期一致，期满可以连任，但不超过两届。

〖适用于会员人数较少，只设监事的体育社会团体，监事人数为单数。〗

监事从会员中选举产生，本团体的负责人、理事、常务理事、秘书长、副秘书长和财务人员不得兼任监事。

第四十八条　监事会（监事）行使下列职权：

（一）列席理事会、常务理事会会议，对理事会、常务理事会决议事项提出质询或建议；（二）对理事、常务理事执行本团体职务的行为进行监督，对违反法律法规和本团体章程或者会员（代表）大会决议的负责人、常务理事、理事提出依程序罢免的建议；（三）检查本团体的财务报告，向会员（代表）大会报告监事工作和提出建议；（四）对负责人、常务理事、理事、财务人员损害本团体利益的行为，及时予以纠正；（五）向登记管理机关以及税务、会计主管等有关部门反映本团体工作中存在的问题（非直接登记的体育社会团体，还可以向业务主管单位反映。）；……＿＿＿＿＿＿＿；决定其他应由监事（监事会）审议的事项。

第四十九条　监事会议每＿＿＿＿＿＿个月至少召开1次会议（最长不超过6个月）。监事会议须有三分之二以上监事出席方能召开，其决议须经全体监事过半数表决通过方为有效。

监事会的决议事项应当做出记录，出席会议的监事及记录员应在会议记录上签名。监事可以要求在会议记录上对其在会议上的发言做出某些说明性记载。监事会的决定、决议及会议记录等应当妥善保管，并向全体会员公开。

第五十条　本团体设日常办事机构秘书处，处理本团体日常事务性工作。秘书处办公会议各项议题，应形成会议纪要，抄送理事会和监事会（或全体监事）。秘书处下设日常办事机构须经理事会（或常务理事会）同意。

第五十一条　本团体分支（代表）机构的设立、变更及终止，应当按照章程的规定，履行民主程序，提交理事会或常务理事会审议批准并形成决议，向全体会员公布。各分支机构的名称应冠以所属社会团体的名称，分支机构可以称分会、专业委员会、工作委员会等。代表机构可以称代表处、办事处、联络处等。

本团体不设立地域性分会，不冠以行政区划名称，不带有地域性特征。分支（代表）机构不再下设分支机构、代表机构。各分支（代表）机构根据本团体章程规定的宗旨、任务和业务范围的需要设置，有明确的名称、负责人、业务范围、管理办法和组织机构等，报理事会表决通过并形成决议。

〖没有内设分支机构、代表机构的，无须拟定本条款。〗

第五十二条　本团体应当按《中华人民共和国劳动合同法》的规定与专职工作人员订立劳动合同。本团体专职工作人员应当参加相关岗位培训，熟悉和了解社会团体法律、法规和政策，努力提高业务能力。

第五章　党建工作

第五十三条　本团体坚持中国共产党的全面领导，根据中国共产党章程的规定，设立中国共产党的组织，开展党的活动。

本团体有正式党员3名以上的，经上级党组织批准，单独建立党组织。本团体负责人中有党员的，由党员负责人担任党组织书记；本团体负责人中没有党员的，应推荐业务能力强、群众基础好的党员理事或监事担任党组织书记。正式党员人数不足3名的，采取联合组建等方式，建立党组织，在本团体开展党的工作。

没有正式党员的，支持配合上级组织开展党的工作，为建立党组织创造条件。

第五十四条　本团体党组织负责人应参加或列席理事会会议。党组织应对本会重要事项决策、重要业务活动、大额经费开支、开展涉外活动等提出意见。

第五十五条　本团体变更、撤并或注销，党组织要及时向上级党组织报告，并做好党员组织关系转移等相关工作。

第五十六条　本团体为党组织开展活动、做好工作提供必要的场地、人员和经。支持建立工会、共青团、妇联组织，做好联系职工群众等工作。

第六章　财产管理和使用

第五十七条　本团体的收入来源于：

（一）_____；……。

〔可选项：按会员（代表）大会通过的会费标准收取的会费；在核准的业务范围内开展活动或服务的收入；利息；自然人、法人或其他组织自愿捐赠；政府购买服务或政府资助；其他合法收入等。〕

第五十八条　本团体依据章程规定的业务范围、工作成本和会员承受能力等因素，合理制定会费标准，遵循合理负担、权利义务对等的原则。会费须采用固定标准，不具有浮动性，采取无记名投票方式进行表决。自通过会费标准决议之日起30日内，向全体会员公开。

第五十九条　本团体会费标准如下：

会长每年缴纳会费×元，副会长每年缴纳会费×元，监事长每年缴纳会费×元，常务理事每年缴纳会费×元，理事每年缴纳会费×元，监事每年缴纳会费×元，会员每年缴纳会费×元。

第六十条　本团体的收入及其使用情况应当定期向会员（代表）大会公布，接受会员（代表）大会的监督检查。经费来源属于财政拨款或社会捐赠、资助的，应当接受财政、审计机关的监督，并将有关情况以适当方式向社会公布。

第六十一条　本团体取得的收入除用于与本团体有关的、合理的支出外，全部用于登记核定及本章程规定的非营利性或公益性事业，不得在会员中分配。

第六十二条　本团体的财产及其利息不用于分配，但不包括合理的工资薪金支出。

本团体工作人员的工资和保险、福利待遇，由理事会（或常务理事会）按照国家相应的政策规定制定执行。

第六十三条　本团体的资产，任何单位、个人不得侵占、私分和挪用。

第六十四条　本团体执行《民间非营利组织会计制度》，依法进行会计核算，健全内部会计监督制度，保证会计资料合法、真实、准确、完整。本团体使用国家规定的票据。本团体接受税务、会计主管部门依法实施税务监督和会计监督。

第六十五条　本团体财务实行统一核算，发生的各项经费在依法设置的会计账簿上统一登记、核算。除法定的会计账簿外，不另立会计账簿。本团体的资产，不以任何个人名义开立账户存储。本团体的银行账号、账户不得出租、出借或转让其他单位或个人使用。未经理事会批准，不得以本团体名义借贷，不得将公款借给外单位，不得以本团体名义对其他单位和个人提供经济担保。

第六十六条　本团体配备具有专业资格的会计人员。会计不兼任出纳，实行账、钱、物分人管理。会计人员必须进行会计核算，实行会计监督。财务人员的调动和离职，必须按《会计法》的有关规定办理交接手续。

第六十七条　本团体每年1月1日至12月31日为业务及会计年度，每年_____月_____日前，理事会对下列事项进行审定：

（一）上年度业务报告及经费收支决算；（二）本年度业务计划及经费收支预算；……。

第六十八条　本团体对会计凭证、会计账簿、财务会计报告和其他会计资料建立档案，妥善保管。会计凭证登记清晰、工整，符合《会计基础工作规范》要求。所附原始凭证要求内容真实准确，发票合格、有效。对不真实、不合法的原始凭证有权不接受，并向会长及法定代表人等负责人报告；对记载不准确、不完整的原始凭证予以退回，并要求按照国家统一的会计制度的规定更正、补充。

第六十九条　本团体建立财务收支情况报告制度，定期向会长、理事会、常务理事会、监事会（监事）以及会员（代表）大会报告，同时接受社团登记管理机关和相关部门的监督检查。社团登记管理机关及其他部门为履行监督管理职责，需要提交有关业务活动或财务情况的报告时，本团体予以配合。

第七十条　本团体进行换届、或更换法定代表人，应当进行财务审计，并将审计报告报送登记管理机关。本团体注销清算前，应当进行清算财务审计。

〖非直接登记的体育社会团体，还须报送业务主管单位。〗

第七章　终止和剩余财产处理

第七十一条　本团体有以下情形之一，应当终止：

（一）完不成章程规定的宗旨的；（二）无法按照章程规定的宗旨继续开展活动的；（三）发生分立、合并的；（四）自行解散的；……_____。

第七十二条　本团体终止，应当由理事会提出终止动议，经会员（代表）大会表决通过，并报登记管理机关审查同意。〖非直接登记的体育社会团体，须报业务主管单位审查同意。〗

第七十三条　本团体终止前，由理事会确定的人员组成清算组，负责清理债权债务，处理善后事宜（非直接登记的体育社会团体，须在业务主管单位及有关机关指导下成立清算组织）。清算期间，不开展清算以外的活动。

第七十四条　本团体完成清算工作后，应向登记管理机关申请办理注销登记手续，完成注销登记后即为终止。

第七十五条　本团体终止后的剩余财产，在登记管理机关的监督下，〖非直接登记的社会团体，在业务主管单位和登记管理机关的共同监督下〗，按照国家有关规定，本团体注销后的剩余财产，用于公益性或者非营利性目的或者转赠给与本团体性质、宗旨相同的组织，并向社会公告。

第八章　附则

第七十六条　本章程经_____年_____月_____日第_____届_____次会员（代表）大会表决通过。

第七十七条　本章程规定如与国家法律、法规和政策不符，以国家法律、法规和政策为准。

第七十八条　本章程的解释权属于本团体理事会。

第七十九条　本章程自登记管理机关核准之日起生效。

附1.2　体育类民办非企业单位章程示范文本

第一章　总则

第一条　本单位的名称是_____。〖名称应当符合《民办非企业单位登记管理暂行条例》和民政部《民办非企业单位名称管理暂行规定》的规定〗

第二条　本单位的性质是_____。〖必须载明：主要利用非国有资产、自愿举办、从事非营利性社会服务活动的体育类社会组织〗

第三条　本单位的宗旨是遵守宪法、法律法规和国家政策，践行社会主义核心价值观，遵守社会道德风尚，弘扬爱国主义精神。_____。〖本单位设立的目的〗

第四条　本单位的登记管理机关是_____，业务主管单位是_____，本单位接

受登记管理机关、业务主管单位和其他职能部门的监督管理。〖适用于双重管理的体育类民办非企业单位〗

本单位的登记管理机关是_____，本单位接受登记管理机关、行业主管部门和其他职能部门的监督管理。〖适用于直接登记的体育类民办非企业单位〗

第五条　本单位的住所地是_____。〖如：××省××市（区、县）××街道××门牌号〗

第二章　举办者、开办资金和业务范围

第六条　本单位的举办者是_____。

举办者享有下列权利：

（一）了解本单位运作状况和财务状况；（二）推荐理事和监事；（三）有权查阅理事会会议记录和本单位财务会计报告；……。

〖举办者是体育类民办非企业单位成立的主导者。组织举办应当具有法人资格，个人举办应当具有政治权利和完全民事行为能力。举办者须遵守法律法规的规定，承担向登记管理机关提交登记材料责任，不得弄虚作假，不得开展筹备工作以外的活动。〗

第七条　本单位开办资金：_____万元；出资者：_____，金额：_____万元。出资者出资成立体育类民办非企业单位，出资金额为捐赠资产，不保留和享有任何财产权利。〖开办资金应符合有关法律法规的规定；如为多个出资人，应分别载明每位出资人的出资金额。〗

第八条　本单位的业务范围：〖必须明确、清晰、聚焦主业；应符合业务主管单位确认的业务范围；直接登记的，原则上需经行业主管部门对业务范围提出审查意见〗

（一）_____；……。

业务范围中属于法律、法规规定须经批准的事项，依法经批准后方可开展。〖业务范围的表述最终以登记管理机关核准的内容进行登记〗

第九条　本单位按国家有关规定和核准的业务范围主要在_____省开展活动。

第三章　党建工作

第十条　本单位坚持中国共产党的全面领导，根据中国共产党章程的规定，设立中国共产党的组织，开展党的活动。

有正式党员3名以上的，经上级党组织批准，单独建立党组织。本单位负责人中有党员的，由党员负责人担任党组织书记；负责人中没有党员的，应推荐业务能力强、群众基础好的党员理事担任党组织书记。正式党员人数不足3名时，采取联合组建等方式，建立党组织，在本单位开展党的工作。

没有正式党员时，支持配合上级组织开展党的工作，为建立党组织创造条件。

第十一条　本单位党组织负责人应参加或列席理事会会议。党组织对本单位重要事项决策、重要业务活动、大额经费开支、开展涉外活动等提出意见。

第十二条　本单位变更或注销，党组织要及时向上级党组织报告，并做好党员组织关系转移等相关工作。

第十三条　本单位为党组织开展活动、做好工作提供必要的场地、人员和经费。支持建立工会、共青团、妇联组织，做好联系职工群众等工作。

第四章　组织管理制度

第十四条　本单位设理事会，其成员为_____人。理事会是本单位的决策机构。

理事由举办者（包括出资者）、职工代表（由全体职工推举产生）或有关单位推选产生；理事必须坚持党的路线、方针、政策，有完全民事行为能力，不得凭借理事身份从体育类民办非企业单位牟取不正当利益。理事每届任期_____年，任期届满，连选可以连任。〖理事会成员一般为5～25人，总人数应为单数；理事任期3～5年；有关单位主要指业务主管单位〗

第十五条　理事会行使下列事项的决定权：

（一）制订、修改章程；（二）选举、罢免理事长、副理事长，罢免、增补理事；（三）决定重大的业务活动计划；（四）审定年度财务预算、决算方案；（五）决定增加开办资金的方案；（六）决定本单位的变更、分立、合并、终止及清算等事项；（七）聘任或者解聘本单位行政负责人和其提名聘任或者解聘的本单位行政副职及财务负责人；（八）听取行政负责人的工作报告，并对其工作进行检查；（九）决定内部机构的设置；制定内部管理制度；（十）依法核定从业人员的工资报酬、福利待遇；（十一）决定其他重大事项。

第十六条　理事会每年召开_____次会议（至少两次）。严格实行集体审议、独立表决、个人负责的重大事项决策制度，并接受监事会或监事监督。有下列情形之一，应当召开理事会会议：

（一）理事长认为必要；（二）三分之一以上理事联名提议；（三）监事会（或不设监事会的监事）提议。

第十七条　理事会设理事长1名，副理事长1～2名。副理事长协助理事长工作，理事长不能行使职权时，由理事长指定的副理事长代其行使职权。

第十八条　召开理事会会议，应于会议召开_____日前将会议的时间、地点、内容等一并通知全体理事。理事因故不能出席，可以书面委托其他人员代为出席理事会（每人仅限代表1名理事，且监事不得代表），委托书必须载明授权范围。

理事会由理事长召集和主持；理事长不能或不主持的，由副理事长召集和主持；副理事长不能或不主持的，由监事会（或不设监事会的监事）召集和主持；监事会（或不设监事会的监事）不能或不召集和主持的，三分之一以上理事可以自行召集并推举一名理事主持。

第十九条　理事会会议应由二分之一以上的理事出席方可举行。理事会会议实行1人1票制。理事会作出决议，必须经全体理事的过半数通过。

下列重要事项的决议，须经全体理事的三分之二以上通过方为有效：

（一）章程的制定和修改；（二）选举和罢免理事长、副理事长，罢免、增补理事；（三）本单位的变更、分立、合并或终止；……。

第二十条　理事会会议应当制作会议记录。形成决议的，应当场制作会议纪要，由出席会议的理事审阅签名。理事会决议违反法律法规或章程规定，致使本单位遭受损失的，参与决议的理事应当承担责任。但经证明在表决时反对并记载于会议记录的，该理事可免除责任。理事会记录由理事长指定的人员存档保管。

第二十一条　理事长行使下列职权：

（一）召集和主持理事会会议；（二）检查理事会决议的实施情况；（三）法律、法规和本单位章程规定的其他职权；……。

第二十二条　本单位行政负责人是_____，为专职。行政负责人对理事会负责，并行使下列职权：〖行政负责人是理事会聘请的主持日常工作的负责人，可根据体育类民办非企业单位实际情况表述为院长、校长、所长、主任、团长、馆长、总干事等〗

（一）主持单位的日常工作，组织实施理事会的决议；（二）组织实施单位年度业务活动计划；（三）拟订本单位年度财务预算、决算方案；（四）拟订单位内部机构设置的方案，协调内部机构开展活动；（五）拟订内部管理制度；（六）提请聘任或解聘本单位副职和财务负责人，由理事会决定；（七）聘任或解聘内设机构负责人和专职工作人员；（八）章程和理事会赋予的其他职权。

本单位行政负责人列席理事会会议。〖行政负责人是理事的，不适用此款〗

第二十三条　本单位设立监事会或者监事。监事必须遵纪守法，依据章程规定行使职权，按时列席理事会会议或者出席监事会会议，其成员为_____人。

监事任期与理事任期相同，任期届满，连选可以连任。

〖监事会成员不得少于3人，并推选1名监事长。人数较少的体育类民办非企业单位可不设监事会，但必须设1～2名监事〗

第二十四条　监事在举办者（含出资者），本单位从业人员或有关单位推荐的人员中产生或更换。监事会中的从业人员代表由单位从业人员民主选举产生。

本单位理事、行政负责人和财务负责人以及他们的近亲属，不得兼任监事。〖有关

单位主要指业务主管单位〗

第二十五条　监事会或监事行使下列职权：

（一）检查本单位财务；（二）对本单位理事、行政负责人违反法律法规的行为进行监督；（三）当本单位理事、行政负责人的行为损害本单位的利益时，要求其予以纠正；（四）列席理事会会议；（五）提议召开理事会；……。

第二十六条　监事会实行会议制和票决制，监事1人1票。监事对监事会决策事项进行表决，监事会决议须经全体监事过半数表决通过方为有效并形成决议，作为监事有效履行职责的重要保障。〖适用于设立监事会的单位〗

第五章　法定代表人

第二十七条　本单位的法定代表人为_____兼任理事长，为中国内地居民（不含涉外体育类民办非企业单位）。〖法定代表人原则上应由理事长等负责人担任〗

第二十八条　有下列情形之一的，不得担任本单位的法定代表人：

（一）无民事行为能力或者限制民事行为能力的；（二）正在被执行刑罚或者正在被执行刑事强制措施的；（三）正在被公安机关或者国家安全机关通缉的；（四）担任因违法被撤销登记的民办非企业单位的法定代表人，自该单位被撤销登记之日起未逾3年的；（五）非中国内地居民的（不含涉外体育类民办非企业单位）；（六）被列入失信被执行人名单的；（七）法律、法规规定不得担任法定代表人的其他情形。

第六章　资产管理、使用原则及劳动用工制度

第二十九条　本单位经费来源：

（一）开办资金；（二）捐赠收入；（三）政府补助收入；（四）在业务范围内开展服务活动的收入；（五）利息收入；（六）其他合法收入。

第三十条　本单位取得的收入除用于与本单位有关的、合理的支出外，全部用于登记核定或者章程规定的公益性或者非营利性事业；财产及其孳息不用于分配，但不包括合理的工资薪金支出。

第三十一条　本单位执行《民间非营利组织会计制度》，依法进行会计核算，建立健全内部会计监督制度，保证会计资料合法、真实、准确、完整。

接受税务、会计主管部门依法实施的税务监督和会计监督。

第三十二条　本单位配备具有专业素质的会计人员。会计不得兼出纳。会计人员调动工作或离职时，必须与接管人员办清交接手续。

第三十三条　本单位换届或更换法定代表人之前必须进行财务审计。

第三十四条　本单位专职工作人员工资福利开支控制在规定的比例内，不变相分配本单位的财产。其中，专职工作人员平均工资薪金水平不得超过税务登记所在地的地市

级以上地区的同行业同类组织平均工资水平的两倍，专职工作人员福利按照国家有关规定执行。

第七章　年度报告及信息公开

第三十五条　本单位依法履行信息公开义务，建立健全信息公开制度。

第三十六条　本单位建立年度报告制度，上一年度工作报告报送业务主管单位审查后，于每年＿＿＿月＿＿＿日前向登记管理机关报送，并通过登记管理机关统一的信息平台将年度报告内容向社会公开，接受社会公众的查询、监督。〖适用于双重管理的体育类民办非企业单位〗

本单位建立年度报告制度，应当于每年＿＿＿月＿＿＿日前，按照登记管理机关要求报送上一年度工作报告，并通过登记管理机关统一的信息平台将年度报告内容向社会公开，接受社会公众的查询、监督。〖适用于直接登记的体育类民办非企业单位〗

本单位应当聘用会计师事务所对本单位的财务会计报告及相关信息进行审计，并依法披露财务会计报告和审计报告，接受社会公众的监督。

第八章　章程的修改

第三十七条　本章程的修改，须经理事会表决通过后＿＿＿＿日内，报业务主管单位审查同意，自业务主管单位审查同意之日起＿＿＿＿日内，报登记管理机关核准。〖适用于双重管理的体育类民办非企业单位〗

本章程的修改，须经理事会表决通过后30日内，报登记管理机关核准。〖适用于直接登记的体育类民办非企业单位〗

第九章　终止和终止后资产处理

第三十八条　本单位有下列情形之一的，应当终止：

（一）章程规定的解散事由出现；（二）完成章程规定的宗旨；（三）无法按照章程规定的宗旨继续开展活动；（四）发生分立、合并；（五）自行解散；（六）依法被撤销登记或吊销登记证书；……。

第三十九条　本单位终止前，应当进行清算。

本单位终止，应当在理事会表决通过后＿＿＿＿日内，报业务主管单位审查同意，并在表决通过后＿＿＿＿日内在登记管理机关、业务主管单位和有关部门的指导下成立清算组织，清算组应当自成立之日起＿＿＿＿日内通知债权人，并于＿＿＿＿日内向社会公告，清理债权债务，处理剩余财产，完成清算工作。〖适用于双重管理的体育类民办非企业单位〗

本单位终止，应当在理事会表决通过后＿＿＿＿日内，在登记管理机关和有关部门的指导下成立清算组织，清算组应当自成立之日起＿＿＿＿日内通知债权人，并于

_____日内向社会公告，清理债权债务，处理剩余财产，完成清算工作。〖适用于直接登记的体育类民办非企业单位〗

本单位未及时清算的，业务主管单位或登记管理机关可以申请人民法院指定有关人员组成清算组进行清算。

本单位应在清算结束之日起_____日内到登记管理机关办理注销登记手续。

第四十条　本单位清算后的剩余财产，在登记管理机关、业务主管单位和其他职能部门的监督下，将剩余财产捐赠给与本单位性质、宗旨相同的社会公益组织，并向社会公告。〖适用于双重管理的体育类民办非企业单位〗

本单位清算后的剩余财产，在登记管理机关和其他职能部门的监督下，将剩余财产捐赠给与本单位性质、宗旨相同的社会公益组织，并向社会公告。〖适用于直接登记的体育类民办非企业单位〗

无法按上述方式处理的，由业务主管单位或登记管理机关主持转给与本单位性质、宗旨相同的社会组织，并向社会公告。

第四十一条　本单位清算结束后，清算组应当制作清算报告，经理事会确认，报送业务主管单位（适用于双重管理的体育类民办非企业单位），并自清算结束之日起日内向登记管理机关申请办理注销登记。

第四十二条　本单位自登记机关发出注销登记证明文件之日起，即为终止。

第十章　附则

第四十三条　本章程经_____年_____月_____日理事会表决通过。

第四十四条　本章程中的各项条款与法律、法规、规章不符的，以法律、法规、规章的规定为准。

第四十五条　本章程的解释权属理事会。

第四十六条　本章程自登记管理机关核准之日起生效。

附1.3　体育基金会章程示范文本

第一章　总则

第一条　本基金会的名称是_____基金会。〖基金会命名应当符合《基金会名称管理规定》等相关规定〗

第二条　本基金会是利用捐赠财产设立的，以开展慈善活动为宗旨的慈善组织。本基金会开展活动遵循合法、自愿、诚信、非营利性的原则，遵守社会公德，维护国家安全，维护社会公共利益和他人的合法权益。

第三条　本基金会依法取得公开募捐资格，按照《中华人民共和国慈善法》《慈善组织公开募捐管理办法》等相关规定，开展公开募捐活动。〖适用于具有公开募捐资格的体育类基金会〗

本基金会通过定向募捐筹集资金，本基金会未取得公开募捐资格，不开展公开募捐活动。〖适用于不具有公开募捐资格的体育类基金会〗

第四条　本基金会的宗旨：遵守宪法、法律、法规和国家政策，践行社会主义核心价值观，遵守社会道德风尚，弘扬爱国主义精神。_____。〖宗旨应当符合《中华人民共和国慈善法》相关规定，简明扼要阐述本基金会从事慈善活动的主旨思想〗

第五条　本基金会的登记管理机关是_____，业务主管单位是_____，本基金会接受登记管理机关、业务主管单位的业务指导和监督管理。〖适用于双重管理的体育类基金会〗

本基金会的登记管理机关是_____，本基金会接受登记管理机关的监督管理和有关行业管理部门的业务指导。〖适用于直接登记的体育类基金会〗

第六条　本基金会的发起人（单位）是_____，注册资金（原始基金）数额为人民币_____万元，来源于_____，均为合法的捐赠财产。

第七条　本基金会的住所_____。

第二章　业务范围

第八条　本基金会的业务范围：〖必须明确、清晰、聚焦主业，应符合《中华人民共和国慈善法》第三条规定的慈善活动范围〗

（一）_____；……。

业务范围中属于须按法律法规批准的事项，依法经批准后方可开展。

本基金会严格按照法律规定和章程开展活动，不超出章程规定的业务范围。

第三章　党建工作

第九条　本基金会坚持中国共产党的领导，根据中国共产党章程的规定，设立中国共产党的组织，开展党的活动。

本基金会有正式党员3名以上的，经上级党组织批准，单独建立党组织。本团体负责人中有党员的，由党员负责人担任党组织书记；团体负责人中没有党员的，应推荐业务能力强、群众基础好的党员理事或监事担任党组织书记。正式党员人数不足3名的，采取联合组建等方式，建立党组织，在本团体开展党的工作。

没有正式党员的，支持配合上级组织开展党的工作，为建立党组织创造条件。

第十条　本基金会党组织负责人应参加或列席理事会会议。党组织应对本会重要事项决策、重要业务活动、大额经费开支、开展涉外活动等提出意见。

第十一条　本基金会变更、撤并或注销，党组织要及时向上级党组织报告，并做好党员组织关系转移等相关工作。

第十二条　本基金会为党组织开展活动提供必要的场地、人员和经费。支持建立工会、共青团、妇联组织，做好联系职工群众等工作。

第四章　组织架构，人员、机构管理

第一节　理事、理事会

第十三条　本基金会由5~25名理事组成理事会。本基金会理事每届任期为_____年，任期届满，连选可以连任。〖基金会理事人数应为单数，理事每届任期不得超过5年〗

第十四条　理事的资格：

（一）遵守法律法规，拥护本章程；（二）廉洁奉公、勤勉尽职、诚实守信；（三）具有完全民事行为能力；（四）能履职尽责，保障捐赠财产的使用符合捐赠人的意愿和基金会公益目的，保障基金会财产的安全及保障增值；……。

第十五条　具有下列情形之一的，不得担任本基金会的理事：

（一）曾因故意犯罪被判处有期徒刑以上刑罚，执行期满未逾_____年的；（二）曾在破产清算的组织担任董事（理事）、监事或者高级管理人员，对该组织破产负有个人责任，自该组织破产清算完结之日起未逾_____年的；（三）曾在依法被撤销、解散、取缔的组织担任法定代表人或者负责人，并负有个人责任，自该组织被撤销、解散之日起未逾_____年的；（四）年龄超过70周岁的；……。

第十六条　理事的产生和罢免：

（一）第一届理事由发起人、捐赠人分别提名并协商确定，报业务主管单位备案（适用于双重管理的体育类基金会），主要发起人应当担任第一届理事会负责人。（二）理事会换届改选时，由理事会、主要捐赠人共同提名新一届理事，经理事会表决通过。新一届理事会负责人由新一届理事选举产生。换届结果报业务主管单位审查同意（适用于双重管理的体育类基金会），报登记管理机关备案。（三）罢免、增补理事应当经理事会表决通过，报业务主管单位审查同意（适用于双重管理的体育类基金会），理事的选举和罢免结果报登记管理机关备案。理事可以在任期届满前提出辞职，理事辞职应当提前_____日（不少于30日）书面通知理事会。

第十七条　本基金会理事会成员来自同一组织以及相互间存在关联关系组织的不超过三分之一，相互间具有近亲属关系的不得同时在理事会任职。〖适用于具有公开募捐资格的体育类基金会〗

本基金会相互间有近亲属关系的理事会成员人数，不得超过理事总人数的三分之

一。〖适用于用私人财产设立的、不具有公开募捐资格的体育类基金会〗

本基金会的理事会成员相互间具有近亲属关系的不得同时在理事会任职。〖适用于用非私人财产设立的、不具有公开募捐资格的体育类基金会〗

第十八条　理事的权利和义务：

（一）选举权、被选举权和表决权；（二）知情权、建议权和监督权；（三）参与基金会内部事务管理；（四）贯彻基金会章程，执行理事会决议；（五）遵守基金会章程，维护基金会的合法权益；……。

第十九条　在本基金会领取报酬的理事不得超过理事总人数的三分之一。监事和未在基金会担任专职工作的理事不得从基金会获取报酬。

第二十条　本基金会的决策机构是理事会。理事会行使下列职权：

（一）制定、修改章程；（二）选举、罢免理事长、副理事长、秘书长；（三）决定重大业务活动计划，包括资金的募集、管理和使用计划；（四）年度收支预算及决算审定；（五）按照国家、省（市）相关规定，制定本基金会的决策程序和管理规程；（六）制定内部管理制度；（七）决定办事机构、分支机构、代表机构的设立、变更和注销；（八）决定由秘书长提名的副秘书长和各机构主要负责人的聘任；（九）听取、审议秘书长的工作报告，检查秘书长的工作；（十）决定基金会的分立、合并或终止；（十一）决定其他重大事项。

第二十一条　理事会每年召开_____次（至少2次）会议。理事会会议由理事长负责召集和主持。

有三分之一理事提议，必须召开理事会会议。如理事长不能履行或者不履行召集理事会议职责的，提议理事可推选召集人。

召开理事会会议，理事长或召集人提前_____日通知全体理事、监事。

第二十二条　理事会会议须有三分之二以上理事出席方能召开；理事会决议须经出席理事过半数通过方为有效。

下列重要事项的决议，须经出席理事表决，2/3以上通过方为有效：

（一）章程的修改；（二）选举或者罢免理事长、副理事长、秘书长；（三）章程规定的重大募捐活动；（四）基金会的分立、合并；……。

召开决议重要事项的理事会会议，召集人原则上需以书面形式，提前不少于_____日通知或公告全体理事、监事，会议通知中应列明决议事项，原则上不增加临时议题。

第二十三条　理事会会议应当制作会议记录，并由出席理事审阅、签名，字迹应工整可辨认。理事会决议违反法律、法规或章程规定，致使基金会遭受损失的，参与决议的理事应当承担责任。但经证明在表决时反对并记载于会议记录的，该理事可免除责任。

第二节　理事会负责人

第二十四条　理事会负责人包括理事长、副理事长和秘书长，从理事中选举产生。理事长、秘书长不得由同一人兼任。

第二十五条　本基金会的理事长、副理事长、秘书长每届任期＿＿＿＿＿年，连任不超过两届。因特殊情况需超届连任的，须经理事会特殊程序表决通过，报业务主管单位（适用于双重管理的体育类基金会）审查并经登记管理机关批准同意后，方可任职。

本基金会换届和换法定代表人，应当进行财务审计之后报业务主管单位备案或同意，再向登记管理机关备案或变更登记。〖适用于双重管理的体育类基金会〗

本基金会换届和更换法定代表人，应当进行财务审计之后，向登记管理机关备案或变更登记。〖适用于直接登记的体育类基金会〗

第二十六条　本基金会理事长、副理事长、秘书长必须符合以下条件：

（一）在本基金会业务领域内有较大影响；（二）理事长、副理事长、秘书长最高任职年龄不超过70周岁，秘书长为专职；（三）身体健康，能坚持正常工作；（四）具有完全民事行为能力。

第二十七条　有下列情形之一者，不能担任本基金会正、副理事长、秘书长：

（一）属于现职国家工作人员的；（二）无民事行为能力或者限制民事行为能力的；（三）因故意犯罪被判处刑罚，自刑罚执行完毕之日起未逾5年的；（四）因犯罪被判剥夺政治权利正在执行期间或曾经被判剥夺政治权利的；（五）曾在因违法被撤销登记的基金会担任理事长、副理事长或者秘书长，且对该基金会的违法行为负有个人责任，自该基金会被撤销之日起未逾5年的；（六）在被吊销登记证书或者被取缔的组织担任负责人，自该组织被吊销登记证书或者被取缔之日起未逾5年的；（七）列入失信被执行人名单的；（八）其他不符合国家有关规定的情形的。

第二十八条　本基金会理事长为基金会法定代表人。本基金会法定代表人不兼任其他组织的法定代表人。

本基金会法定代表人应当由中国内地居民担任（不包括涉外体育基金会）。

本基金会法定代表人在任期间，基金会发生违反《中华人民共和国慈善法》《基金会管理条例》和本章程的行为，法定代表人应当承担相关责任。

第二十九条　本基金会理事长行使下列职权：

（一）召集和主持理事会会议；（二）检查理事会决议的落实情况；（三）代表基金会签署重要文件；……。

本基金会副理事长、秘书长在理事长领导下开展工作，秘书长行使下列职权：

（一）主持开展日常工作，组织实施理事会决议；（二）组织实施基金会年度公益活动计划；……。

第三节　监事、监事会

第三十条　本基金会设监事_____名。监事任期与理事任期相同，期满可以连任（省级以上人民政府民政部门登记并具有公开募捐资格的基金会应当设监事会，设监事长1人）。

第三十一条　理事、理事的近亲属和基金会财会人员不得任监事。

第三十二条　监事的产生和罢免：

（一）监事由主要捐赠人选派；（二）登记管理机关根据工作需要选派；（三）业务主管单位根据工作需要选派（适用于双重管理的基金会）；（四）监事的变更依照产生程序进行。

第三十三条　监事的权利和义务：

（一）监事依照章程规定的程序检查基金会财务和会计资料，监督理事会遵守法律和章程的情况。（二）监事列席理事会议，有权向理事会提出质询和建议，并应当向登记管理机关、业务主管单位（适用于双重管理的基金会）以及税务、会计主管部门反映情况。（三）监事列席理事会会议，有权向理事会提出质询和建议，并应当向登记管理机关、行业管理部门（适用于直接登记的基金会）及税务、会计主管部门反映情况。（四）监事应当遵守有关法律法规和基金会章程，忠实履行职责。

第四节　办事机构、分支机构、代表机构

第三十四条　本基金会根据工作需要和工作人员数量合理设置办事机构，日常办事机构为_____（秘书处、办公室等），秘书长负责主持日常办事机构工作。

第三十五条　本基金会在登记管理机关管辖区域内，依据业务范围的划分设立分支机构，本基金会不设立地域性分支机构。

本基金会在登记管理机关管辖区域内，根据工作需要设立代表本基金会开展联络、交流、调研的代表机构。

第三十六条　本基金会的分支机构、代表机构的名称应当冠以本基金会的名称，不能冠以"中国""中华""全国""国家"等字样，并以"专项基金管理委员会""代表处""办事处"等字样结束。

第三十七条　本基金会的分支机构、代表机构是本基金会的组成部分，不具有法人资格，不另行制定章程，依据本基金会的授权开展活动，法律责任由本基金会承担。

第三十八条　本基金会的分支机构、代表机构的全部收支纳入本基金会财务统一核算。

第五节　内部管理和矛盾解决

第三十九条　本基金会建立各项内部管理制度，制定相关决策程序和管理规程。建立《理事会选举规程》《财务和资产管理制度》《分支机构、代表机构管理办法》等相关制度和文件。

第四十条　本基金会建立健全证书、印章、档案、文件等内部管理制度，并将以上物品和资料妥善保管于本基金会办公场所。任何单位和个人不得非法占有。管理人员调动工作或者离职时，必须与接管人员办清交接手续。

第四十一条　本基金会证书、印章遗失的，经理事会三分之二以上理事表决通过，在登记管理机关指定的报刊上声明作废，并向登记管理机关申请补领。如被个人非法占有，应通过法律途径要求返还。

第四十二条　本基金会建立民主协商和内部矛盾解决机制。如发生内部矛盾不能经过协商解决的，可以通过调解、诉讼等途径依法解决。

第六节　人员从业准则

第四十三条　本基金会的发起人、主要捐赠人、负责人、理事、理事来源单位以及其他与基金会之间存在控制、共同控制或者重大影响关系的个人或者组织，当其利益与本基金会投资行为关联时，不得利用关联关系损害基金会利益。

本基金会的发起人、主要捐赠人以及负责人、理事与基金会发生交易行为的，不得参与基金会有关该交易行为的决策，有关交易情况应当向社会公开。

本基金会的负责人和工作人员不得在基金会投资的企业兼职或者领取报酬。

第四十四条　本基金会理事会负责人、理事、监事、工作人员不得有下列行为：

（一）私分、挪用、截留或者侵占基金会财产；（二）违反基金会章程、法律法规造成基金会财产损失；（三）将不得用于投资的财产用于投资；（四）擅自改变捐赠财产用途；（五）通过虚构事实等方式欺骗、诱导募捐对象实施捐赠。

第四十五条　基金会负责人、理事、监事、工作人员执行基金会职务时违反法律法规或者基金会章程的规定，给本基金会造成损失的，应当承担赔偿责任。

第五章　开展募捐和接受捐赠

第四十六条　本基金会组织募捐、接受捐赠，应符合章程规定的宗旨和慈善活动的业务范围。〔适用于具有公开募捐资格的体育类基金会〕

本基金会接受捐赠，应符合章程规定的宗旨和慈善活动的业务范围。〔适用于不具有公开募捐资格的体育类基金会〕

第四十七条　本基金会的慈善募捐包括面向社会公众的公开募捐和面向特定对象的定向募捐。〔适用于具有公开募捐资格的体育类基金会〕

本基金会的慈善募捐为面向特定对象的定向募捐。〖适用于不具有公开募捐资格的体育类基金会〗

第四十八条　本基金会按照本章程载明的宗旨和业务范围，确定募捐目的和捐赠财产使用计划；使用本组织账户；建立募捐信息档案，妥善保管、方便查阅。

〖以下第五十条至第五十四条，仅适用于具有公开募捐资格的体育类基金会〗

第四十九条　本基金会开展公开募捐，可以采取下列方式：

（一）在公共场所设置募捐箱；（二）举办面向社会公众的义演、义赛、义卖、义展、义拍、慈善晚会等；（三）通过广播、电视、报刊、互联网等媒体发布募捐信息；（四）其他公开募捐方式。

本基金会采取第一项、第二项方式开展公开募捐的，应当在＿＿＿＿＿＿＿（＿＿＿＿＿＿省或＿＿＿＿＿＿市）内进行〖与登记的民政部门管辖区域一致〗。确有必要在（＿＿＿＿＿＿省或＿＿＿＿＿＿市）外进行的，应当报其开展募捐活动所在地的县级以上民政部门备案，提交募捐方案、公开募捐资格证书复印件、确有必要在当地开展公开募捐活动的情况说明。

本基金会通过互联网开展公开募捐的，应当在国务院民政部门统一或者指定的慈善信息平台发布募捐信息，并可以同时在以本基金会名义开通的门户网站、官方微博、官方微信、移动客户端等网络平台发布公开募捐信息。

第五十条　本基金会按照募捐方案开展公开募捐，并在开展募捐活动的10日前将募捐方案报登记管理机关备案，同时将募捐方案报送业务主管单位（适用于双重管理的体育类基金会）。募捐方案包括募捐目的、起止时间和地域、活动负责人姓名和办公地址、接受捐赠方式、银行账户、受益人、募得款物用途、募捐成本、剩余财产的处理等。

开展公开募捐活动涉及《中华人民共和国突发事件应对法》规定的突发事件等事项的，本基金会按照有关规定履行批准程序。

第五十一条　本基金会开展公开募捐活动，在募捐活动现场或者募捐活动载体的显著位置，公布本基金会名称、公开募捐资格证书、募捐方案、联系方式、募捐信息查询方法等。

第五十二条　本基金会与不具有公开募捐资格的组织或者个人合作开展公开募捐活动的，依法签订书面协议，使用本基金会名义开展公开募捐活动；募捐活动的全部收入应纳入本基金会的账户，由本基金会统一进行财务核算和管理，并承担法律责任。

第五十三条　本基金会为急难救助设立慈善项目，开展公开募捐活动时，应当坚持公开、公平、公正的原则，合理确定救助标准，监督受益人珍惜慈善资助，按照捐赠方案的规定合理使用捐赠财产。

第五十四条　本基金会开展定向募捐，在发起人、理事会成员等特定对象的范围内进行，并向募捐对象说明募捐目的、募得款物用途等事项。

第五十五条　本基金会开展募捐活动，充分尊重和维护募捐对象的合法权益，保障募捐对象的知情权，不欺骗、诱导募捐对象实施捐赠。不得摊派或变相摊派，不妨碍公共秩序、企业生产经营和居民生活。

第五十六条　本基金会接受捐赠，应当向捐赠人开具由财政部门统一监（印）制的公益事业捐赠票据，并加盖基金会的印章。捐赠票据应当载明捐赠人、捐赠财产的种类及数量、本基金会名称和经办人姓名、票据日期等。捐赠人匿名或者放弃接受捐赠票据的，本基金会应当做好相关记录。

本基金会接受的货币性资产捐赠，以实际收到的金额确认捐赠额。接受的非货币性资产捐赠，以其公允价值确认捐赠额。捐赠方应提供注明捐赠非货币性资产公允价值的证明；不能提供证明的，本基金会不得向其开具公益事业捐赠票据。

第五十七条　捐赠人要求签订书面捐赠协议的，本基金会应当与捐赠人签订书面捐赠协议。书面捐赠协议包括捐赠人和本基金会名称，捐赠财产的种类、数量、质量、用途、交付时间等内容。

第五十八条　捐赠人与本基金会约定捐赠财产的用途和受益人时，不得指定捐赠人的利害关系人作为受益人。

第六章　慈善财产的管理和使用

第五十九条　本基金会的财产包括：（一）＿＿＿＿＿＿；……。

第六十条　本基金会的财产应当根据章程和捐赠协议的规定全部用于慈善目的。不得在发起人、捐赠人以及理事成员中分配。取得的收入除用于与该组织有关的、合理的支出外，全部用于登记核定或者章程规定的公益性或者非营利性事业。财产及其孳息不用于分配，但不包括合理的工资薪金支出。

投入人对投入该组织的财产不保留或者享有任何财产权利。本款所称投入人是指除各级人民政府及其部门外的法人、自然人和其他组织。

本基金会的财产及其他收入受法律保护，任何组织和个人不得私分、挪用、截留或者侵占。

第六十一条　本基金会对募集的财产，登记造册，严格管理，专款专用。捐赠人捐赠的实物不易储存、运输或者难以直接用于慈善目的的，本基金会可以依法拍卖或者变卖，所得收入扣除必要费用后，应当全部用于慈善目的。

第六十二条　本基金会应当通过合法金融渠道或者以合法方式开展资金交易活动。不得资助危害国家安全、损害社会公共利益等违法活动。

本基金会应当保存所有业务活动相关交易记录，交易记录应当充分详细，以确认资金的使用符合其宗旨和业务范围。

第六十三条　本基金会合理设计慈善项目，优化实施流程，降低运行成本，提高慈善财产使用效益。

本基金会建立慈善项目管理制度，规范项目的立项、审查、执行、控制、评估、反馈等各个环节。设立项目管理机构，配备人员，行使项目管理职责，对项目实施情况进行跟踪监督。并加强项目档案管理，保存慈善项目的完整信息。

第六十四条　本基金会开展慈善活动，应当依照法律、法规和章程的规定，按照募捐方案或者捐赠协议使用捐赠财产。确需变更募捐方案规定的捐赠财产用途的，应当报登记管理机关备案；确需变更捐赠协议约定的捐赠财产用途的，应当征得捐赠人同意。〖适用于具有公开募捐资格的体育类基金会〗

本基金会开展慈善活动，应当依照法律法规和章程规定，按照捐赠协议使用捐赠财产。确需变更捐赠协议约定的捐赠财产用途的，应当征得捐赠人同意〖适用于不具有公开募捐资格的体育类基金会〗。捐赠人有权查询、复制其捐赠财产管理使用的有关资料，本基金会也应当及时主动向捐赠人反馈有关情况。

第六十五条　本基金会按照募捐方案或者捐赠协议处理慈善项目终止后剩余的捐赠财产；募捐方案未规定或者捐赠协议未约定的，本基金会保证将剩余财产用于目的相同或者相近的其他慈善项目，并向社会公开。〖适用于具有公开募捐资格的体育类基金会〗

本基金会按照捐赠协议处理慈善项目终止后剩余的捐赠财产；捐赠协议未约定的，本基金会保证将剩余财产用于目的相同或者相近的其他慈善项目，并向社会公开。〖适用于不具有公开募捐资格的体育类基金会〗

第六十六条　本基金会在确保年度慈善活动支出符合法定要求和捐赠财产及时足额拨付的前提下，可以开展投资活动。遵循合法、安全、有效的原则实现财产的保值、增值，投资取得的收益应当全部用于慈善目的。重大投资方案应当经理事会理事三分之二以上同意。政府资助的财产和捐赠协议约定不得投资的财产，不得用于投资。

第六十七条　直接进行股权投资的，被投资方的经营范围应当与本基金会的宗旨和业务范围相关。开展委托投资的，应当选择中国境内受金融监督管理部门监管、有资质从事投资管理业务且管理审慎、信誉较高的机构进行投资。

基金会应当为投资活动建立专项档案，完整保存投资的决策、执行、管理等资料。专项档案的保存时间不少于20年。

第六十八条　对于因接受股权捐赠形成的表决权、分红权与股权比例不一致的长期股权投资，本基金会应当根据《民间非营利组织会计制度》第二十七条的规定，并结合经济业务实质判断是否对被投资单位具有控制、共同控制或重大影响关系。

本基金会对外投资对被投资单位具有控制权的，应当按照《民间非营利组织会计制度》第二十七条的规定采用权益法进行核算，并在会计报表附注中披露投资净损益和被投资单位财务状况、经营成果等信息。

第六十九条　本基金会的重大募捐、投资活动是指：（一）_____；……。

第七十条　本基金会积极开展慈善活动，充分、高效运用慈善财产，并遵循管理费用最必要原则，厉行节约，减少不必要的开支。

本基金会用于从事章程规定的年度公益慈善事业支出、管理费用和总收入的标准和范围，按照《民政部　财政部　国家税务总局关于印发〈关于慈善组织开展慈善活动年度支出和管理费用的规定〉的通知》（民发〔2016〕189号）关于慈善活动支出、管理费用和上年总收入的有关规定执行。

第七十一条　本基金会工作人员工资福利开支控制在规定的比例内，不变相分配本基金会的财产。其中，工作人员平均工资薪金水平不得超过税务登记所在地的地市级（含地市级）以上地区的同行业同类组织平均工资水平的两倍，工作人员福利按照国家有关规定执行。

第七十二条　本基金会应当执行国家统一的会计制度，依法进行会计核算、建立健全内部会计监督制度，保证会计资料合法、真实、准确、完整。

本基金会财务收支全部纳入本基金会开立的银行账户，不使用其他组织或者个人的银行账户，接受税务、财政部门和审计机关依法实施的税务、会计和审计监督。换届和更换法定代表人，应当按本章程规定的程序依法产生拟任职人员之后，并在登记管理机关备案和变更登记之前进行财务审计。

第七十三条　本基金会配备具有从事会计工作所需要的专业能力的会计人员。会计不得兼出纳。会计人员必须进行会计核算，实行会计监督。会计人员调动工作或离职时，必须办清交接手续。

第七十四条　本基金会每年1月1日至12月31日为业务及会计年度，每年_____月_____日前，理事会对下列事项进行审定：

（一）上年度业务报告及经费收支决算；（二）本年度业务计划及经费收支预算；（三）财产清册（当年度捐赠者名册及有关资料）。

第七十五条　本基金会进行年度报告、换届、更换法定代表人以及清算，应当进行财务审计。

第七章　年度报告及信息公开

第七十六条　本基金会依法履行信息公开义务，建立健全信息公开制度。

第七十七条　本基金会建立年度报告制度，上一年度工作报告报送业务主管单位审查后，于每年5月31日前向登记管理机关报送，并通过登记管理机关统一的信息平台将年度报告内容向社会公开，接受社会公众的查询、监督。〔适用于双重管理的体育类基金会〕

本基金会建立年度报告制度，应当于每年5月31日前，按照登记管理机关要求报送上一年度工作报告，并通过登记管理机关统一的信息平台将年度报告内容向社会公开，接受社会公众的查询、监督。〔适用于直接登记的体育类基金会〕

第七十八条　本基金会在年度报告中将分支机构、代表机构、办事机构的有关情况报送登记管理机关，并将有关信息及时向社会公开，自觉接受社会监督。

第七十九条　本基金会应当聘用会计师事务所对本单位的财务会计报告及相关信息进行审计，并依法披露财务会计报告和审计报告，接受社会公众的监督。

第八章　章程修改

第八十条　对本基金会章程的修改，由理事会表决通过。

第八十一条　本基金会修改的章程，经理事会三分之二以上理事表决通过后，报业务主管单位审核，经同意，在_____日内报登记管理机关核准。经登记管理机关核准后，发生法律效力。〔适用于双重管理的体育类基金会〕

本基金会修改的章程，经理事会三分之二以上理事表决通过后，在_____日内报登记管理机关核准。经登记管理机关核准后，发生法律效力。〔适用于直接登记的体育类基金会〕。

第九章　终止和剩余财产处理

第八十二条　本基金会有以下情形之一，应当由理事会表决通过终止动议：

（一）完成章程规定的宗旨的；（二）无法按照章程规定的宗旨继续从事公益活动的；（三）因分立、合并需要终止的；（四）连续两年未从事慈善活动的；（五）依法被撤销登记或吊销登记证书的；（六）法律、行政法规规定应当终止的其他情形。

第八十三条　本基金会终止，应当进行清算。

本基金会理事会应当在终止情形出现之日起_____日内成立清算组进行清算，清算组应当自成立之日起_____日内通知债权人，并于_____日内向社会公告。清算组清理债权债务，处理善后事宜。清算期间，不开展清算以外的活动。

经业务主管单位审查同意注销登记的基金会未及时清算的，业务主管单位或登记管理机关可以申请人民法院指定有关人员组成清算组进行清算。〔适用于双重管理的体育类基金会〕

本基金会未及时清算的，登记管理机关可以申请人民法院指定有关人员组成清算组进行清算。〔适用于直接登记的体育类基金会〕

第八十四条　本基金会清算后的剩余财产，应当在业务主管单位和登记管理机关的指导监督下，用于公益性目的，捐赠给与本基金会性质、宗旨相同的慈善组织_____，并向社会公告。〖适用于双重管理的体育类基金会〗

本基金会清算后的剩余财产，在登记管理机关的指导监督下，用于公益性目的，捐赠给与本基金会性质、宗旨相同的慈善组织_____，并向社会公告。〖适用于直接登记的体育类基金会〗

无法按上述方式处理的，由登记管理机关采取转赠给与本基金会性质、宗旨相同的慈善组织等处置方式，并向社会公告。

本基金会清算结束后，清算组应当制作清算报告，经理事会确认，报送业务主管单位（适用于双重管理的体育类基金会），并自清算结束之日起15日内向登记管理机关申请办理注销登记，公告基金会终止。

第十章　附则

第八十五条　本章程经_____年_____月_____日第_____届第_____次理事会表决通过。

第八十六条　本章程的解释权属于理事会。

第八十七条　本章程自登记管理机关核准之日起生效。

说明：

（1）"〖 〗"内文字为制定要求；"以上""以下""以内""届满"，包括本数；所称的"不满""超过""以外"，不包括本数。

（2）目前，我国体育社会组织有直接登记的，也有双重管理的，体育基金会有面向公众募捐的（公募体育基金会）和不得面向公众募捐的（非公募体育基金会），我们在"章程示范文本"中，将这两类管理体制和体育基金会的四种情况都予以列出。

（3）此"体育社会组织章程示范文本"，是根据社会组织、体育社会组织登记管理条例、办法，国家有关政策规定，结合我国体育社会组织的现实情况，参照民政部原"社会团体章程示范文本""基金会章程示范文本""民办非企业单位（法人）章程示范文本"及有关省市社会组织章程示范文本完成的成果，待新的《社会组织登记管理条例》等文件颁布和国家新的规定出台，以及国家经济社会发展中的现实变化和民众的需求情况，可修改。

附录2　体育社会组织评估指标分值权重征求专家意见表

尊敬的专家:

您好!

我们正在进行我国体育社会组织发展模式探索的研究工作,对体育社会组织(体育社团、体育类民办非企业单位、体育基金会)各项"评估指标分值权重"征求您的意见,请提出宝贵意见和建议。谢谢您的大力支持!

(请在下列表格中"合理""较合理""欠合理""不合理""很不合理"处打"√"或提出修改意见。此调查表为匿名)

项目组

2019年5月

表1　体育社会团体评估指标分值权重征求专家意见调查表

体育社团评估指标、分值与标准(总分值为1 000分)

评估指标				专家评价					专家建议
一级指标	二级指标	三级指标	四级指标	合理	较合理	欠合理	不合理	很不合理	
基础条件(100分)	法人资格(35分)	法人代表(10分)	选取的程序(10分)						
		体育社团活动资金(10分)	银行账户资产(5分)						
			年末净资产(5分)						
		体育社团名称使用(5分)	挂牌牌匾名称是否齐全(5分)						
		体育社团设施条件(10分)	办公场地设施是否完备(5分)						
			基础设施是否齐全(5分)						
	章程(15分)	章程制定(10分)	章程制定或修改程序的核准(10分)						
		章程标准(5分)	章程表决程序(5分)						

续表

评估指标				专家评价					专家建议
一级指标	二级指标	三级指标	四级指标	合理	较合理	欠合理	不合理	很不合理	
基础条件（100分）	变更与备案（20分）	变更登记（8分）	民政厅登记名称、业务范围、住址、法定代表人、业务主管单位等变更情况记录(8分)						
		备案范围（12分）	社团印章使用记录(2分)						
			主要负责人变更情况(2分)						
			社团内外部办事机构(2分)						
			银行账户信息(2分)						
			社团突发大事件备案存档(2分)						
			社团会费标准(2分)						
	年度检查（30分）	年度检查要求（30）	参加年度检查材料与时间节点(10分)						
			年度检查反馈情况与总结(20分)						
内部治理（360分）	组织机构（65分）	社团工作人员（15分）	社团工作人员专业性(5分)						
			社团工作人员学历情况(5分)						
			社团正式员工人数(5分)						
		社团管理层人员（15分）	领导产生程序(5分)						
			管理人员履职情况(10分)						
		社团管理人员能力（25分）	管理层年终绩效考核情况5分)						
			内外部人际交往能力(5分)						
			社团最高管理成员的专业领域构成(5分)						
			社团领导者处理事情的决策力与获取业务活动能力(10分)						
		专业会计人员管理（10分）	专业会计人员配备(4分)						
			专业会计人员岗位职责分配(3分)						
			专业会计人员变更(3分)						
	人事管理（50分）	人事制度管理（50分）	人员聘用程序(5分)						
			工作人员薪酬情况(5分)						
			劳动合同签订(5分)						

评估指标				专家评价					专家建议
一级指标	二级指标	三级指标	四级指标	合理	较合理	欠合理	不合理	很不合理	
内部治理(360分)	人事管理(50分)	人事制度管理(50分)	保险缴纳(5分)						
			内部补助(5分)						
			成员奖惩措施(5分)						
			工作人员专业性结构(5分)						
			成员定期培训率(5分)						
			工作人员与会员人数比例情况(5分)						
			内部文化建设宣传(5分)						
	理事与监事管理(35分)	理事会(20分)	理事会产生、罢免情况(5分)						
			理事会职责划分(5分)						
			理事会召开次数(5分)						
			理事会是否按时换届情况(5分)						
		监事会(15分)	监事会运作效率(5分)						
			监事会设置情况(5分)						
			内部人员对监事会评价(5分)						
	社团日常工作(40分)	工作运转(40分)	各部门运转情况(10分)						
			部门办事机构设置(5分)						
			内部人员工作职责划分(10分)						
			员工整体素质(15分)						
	党政建设(20分)	党组织管理(20分)	社团内部党组织成立情况(5分)						
			社团内部员工政治面貌构成(5分)						
			党员组织生活会议情况(5分)						
			社团党建工作开展情况(5分)						

评估指标				专家评价					专家建议
一级指标	二级指标	三级指标	四级指标	合理	较合理	欠合理	不合理	很不合理	
内部治理（360分）	资金运营与管理（80分）	资金运营合法性（30分）	社团经费来源与资金使用情况（10分）						
			社团各项财政支出审批是否与规定的程序相吻合（10分）						
			社团基础经费保障（10分）						
		资金管理（50分）	经费收支核算流程（10分）						
			经费核算材料档案管理（5分）						
			日常货币资金管理制度（15分）						
			货币资金收支详情（20分）						
	财务情况（70分）	财务报告（15分）	财务报告制度建立（5分）						
			社团内部财务信息公开度（5分）						
			社团内部财务信息的可信度（5分）						
		财务监督（20分）	监督机制健全（5分）						
			社团财务报表审计（5分）						
			社团内部监事委员会（5分）						
			社会公众、政府及业务主管部门监督（5分）						
		税收与票据管理（10分）	社团会计部门定期进行税务登记（5分）						
			社团会计部门票据管理（5分）						
		项目活动收支情况（25分）	社团项目活动财务管理（15分）						
			社团项目活动支出程序（5分）						
			社团项目活动收支平衡性（5分）						
工作绩效（400分）	业务活动（150分）	业务活动计划（35分）	长期与短期业务活动计划制定（15分）						
			活动经费收支计划（5分）						
			活动项目流程化管理（5分）						
			活动项目工作计划具体完成情况（10分）						

评估指标				专家评价					专家建议
一级指标	二级指标	三级指标	四级指标	合理	较合理	欠合理	不合理	很不合理	
工作绩效(400分)	业务活动(150分)	业务总结、监督与评估(25分)	针对具体活动项目进行评估筛选(5分)						
			活动项目监督检查(10分)						
			活动项目结束后总结(10分)						
		业务活动效率能力(30分)	年度活动项目总数(10分)						
			每个活动开展平均周期(10分)						
			活动项目设计与创新性以及社会影响力(10分)						
		业务服务专业性(30分)	服务专业技术能力匹配(10分)						
			服务过程中经费保障(10分)						
			社团活动服务的社会定位(10分)						
		业务活动服务效果以及产生的影响(30分)	社团服务的行业影响力(10分)						
			社团业务活动项目影响力(10分)						
			提供服务的公众反馈及对公众的吸引力(10分)						
	提供业务活动(160分)	社团服务社会(40分)	社会公益活动开展情况(20分)						
			在社会面临重大事件中所发挥的作业(20分)						
		社团服务政府(45分)	社团参与制定相关体育类法律法规及政策文件(15分)						
			接受政府委托的体育活动项目与购买服务(15分)						
			向政府提出有建设性的政策建议(15分)						
		社团服务会员(75分)	社团会员定期缴纳会费比例(15分)						
			社团工作人员与会员联系是否紧密(15分)						
			社团会员满意度(10分)						
			社团会员年均增长比例(10分)						
			社团会员对社团文化与宗旨的认可度(15分)						
			社团会员参与社团活动积极性(10分)						

续表

评估指标				专家评价					专家建议
一级指标	二级指标	三级指标	四级指标	合理	较合理	欠合理	不合理	很不合理	
工作绩效(400分)	政务信息公开(35分)	社团政务信息公开内容(35分)	社团内部服务承诺制度(3分)						
			社团内部提供服务内容与形式是否健全(3分)						
			社团政务信息公开管理制度建设(3分)						
			是否定期在各大媒体上公开发布(5分)						
			社会大众查询便捷(4分)						
			社团的基本情况简介(3分)						
			社团各项活动收费内容与标准(4分)						
			每年度财务审计报告(6分)						
			年度工作总结(4分)						
	行业影响力(20分)	行业覆盖面(10分)	会员参与数量与业务活动举办频率(5分)						
			会员收缴率(5分)						
		影响力(10分)	社会口碑评价情况(5分)						
			国内外合作项目(5分)						
	社会宣传与与国际交流(35分)	社团宣传工作(35分)	各大新媒体和网站宣传记录(5分)						
			刊物资料(5分)						
			新闻媒体报道宣传(5分)						
			社团内部自我创新的特色活动(5分)						
			社团内部文化建设宣传(5分)						
			国内外活动项目内容次数(5分)						
			国内外活动项目交流及其影响力(5分)						

评估指标				专家评估					专家建议
一级 指标	二级 指标	三级指标	四级指标	合理	较合理	欠合理	不合理	很不合理	
社会 评估 （140分）	管理部 门评估 （40分）	登记管理部 门评估 （20分）	登记管理部门对社团登记管理、单位非营利性、财政管理、信息公开、服务社会、服务政府、规范化建设以及自律与诚信度建设的综合评估（20分）						
		业务主管部 门评估 （20分）	社团相关业务主管部门领导层面、财政管理、信息公开、服务社会、服务政府、规范化建设以及自律与诚信建设的整体评估（20分）						
	内部 评估 （40分）	理事评估 （20分）	对财务管理、创新能力、班子履职、重大事项民主决策和提供服务能力的评估（20分）						
		监事评估 （20分）	对非营利性、财务管理、班子履职、重大事项民主决策和提供服务能力的评价（20分）						
	外部 评估 （50分）	社会公众评估（20分）	社会公众对社团整体印象的评估（20分）						
		社团会员评估（30分）	服务对象对社团服务质量、态度、诚信度以及信息公开度和社会影响力综合评估（30分）						
	奖惩 情况 （10分）	社团获得表彰奖惩情况评价（10分）	政府部门与全国性体育社团组织的项目活动中获得表彰及奖励情况（6分）						
			社团每年度检查审核登记（4分）						

表2　体育类民办非企业单位评估指标分值权重征求专家意见调查表

（略。格式同体育社团调查表，内容参见正文）

表3　体育基金会评估指标分值权重征求专家意见调查表

（略。格式同体育社团调查表，内容参见正文）

附录3 "德尔菲法"调查专家基本情况

专家基本情况	
工作部门	人数/人
政府民政部门、体育部门领导人	2
全国性体育社会组织负责人	2
地方体育社会组织负责人	3
社会组织评估专家	2
研究方向	人数/人
体育教学与训练	3
体育法学	1
体育产业与管理	2
体育社会学	1
哲学	1
总计	17

附录4 随机提问征求民众对体育类民办非企业单位意见调查提纲

1. 您愿意花钱参加体育运动和体育健身活动吗？

2. 您和您身边的人知不知道什么是体育类民办非企业单位？

3. 您对体育类民办非企业单位或称体育社会服务机构，如体育健身俱乐部、体育健身中心等了解吗？当地有没有？

4. 当地的体育类民办非企业单位收费是否合理？

5. 您是否去体育健身俱乐部健身，每周去几次？

6. 我们对体育类民办非企业单位（如体育健身俱乐部等），进行评估，应该考核评估什么内容？（内部治理、收费标准、服务态度、服务质量、专业水平、社会诚信、工作业绩等）

7. 您对当地的体育类民办非企业单位是否满意，希望或建议是什么？

后　　记

随着我国社会发展和经济的快速增长，人们对健康的认识不断提高，对体育健身的需求越来越强烈，因此，"健康中国"建设上升为国家战略。体育作为提高人民健康水平的重要途径和"健康中国"建设的重要基础，越来越受到重视。作为一名体育教育和理论研究工作者，我在2011年赴美国伊利诺伊大学访学时，看到美国体育社会组织的发达带动了群众体育的普及，显现出公共体育服务管理系统的先进性，由此激起了对我国体育社会组织研究的浓厚兴趣。我试图通过研究，探索如何加强我国体育社会组织建设，充分发挥其作用和功能，更好地服务群众体育和"健康中国"建设，于2013年开始了对体育社会组织的研究。十年来，在做了大量国内外调研、搜集资料、数据分析、学术积累及同仁、朋友、家人的支持帮助下，三易其稿，终于得以出版。非常欣慰！希望本书能够丰富社会组织管理及体育管理学的理论与实践体系，填补我国对体育社会组织整体研究方面的专著空白，并为当下我国社会组织、体育社会组织改革政策的制定提供理论依据和参考，为我国体育社会组织的健康发展，为体育强国建设尽绵薄之力。同时，也欢迎专家、同仁和读者赐教。

在本书的写作过程中，雷泽勇、胡友琦、张珊妮、李清江、张延军、汪鑫、张绍进行了实地调查和资料搜集，且雷泽勇、胡友琦、张珊妮参与设计了"体育社会组织评估指标分值权重征求专家意见表"，完成了"体育社会组织章程示范文本"的编写。本书的出版得到了国家体育总局政法司朱道辉、成都体育学院赵青、天津博雅全鑫磁电科技有限公司游峰的支持和帮助。在此一并表示衷心感谢！

同时，感谢我的美国好友夏祥波教授，女婿辛雷阳先生以及女儿游畅博士在美国为我进行实地调查，查找数据文献，并翻译相关资料，付出了极大的辛劳，还要感谢在实地调研、问卷调查和访谈过程中给予大力支持和帮助的所有人员。

游　俊

2023年12月于成都武侯祠旁